Georg Winter

Brich dir die Zunge
und nicht das Herz

Sprechspaß
durch Sprechsport

Die Zungenbrecher
des schnellsten deutschen Sprechers

IFB Verlag Deutsche Sprache

Bibliographische Information der Deutschen Bibliothek:

Die Deutsche Bibliothek verzeichnet diese Publikation
in der Deutschen Nationalbibliographie: detaillierte
bibliographische Daten sind im Internet über
http://dnb.ddp.de abrufbar.

Erste Auflage 2017

Copyright © 2017 by
IFB Verlag Deutsche Sprache GmbH
Schulze-Delitzsch-Straße 40, D – 33100 Paderborn
Grafiken: Walter vom Hove
Alle Rechte vorbehalten.
Nachdruck – auch auszugsweise –
nur mit Genehmigung des Verlages.
Druck: Janus Druck, Borchen

ISBN 978-3-942409-59-9

Georg Winter

Brich dir die Zunge

und nicht das Herz

Sprechspaß
durch Sprechsport

Die Zungenbrecher
des schnellsten deutschen Sprechers

IFB Verlag Deutsche Sprache

Inhaltsverzeichnis

Vorwort

Es klingt paradox. Ein Sprachfehler in meiner Kindheit war wohl letztlich die Ursache dafür, dass ich Zungenbrecher und Schüttelreime schrieb, den Sprechsport entwickelte, bei der Fernsehshow „Wetten, dass…?" mit meinen Zungenbrechern Wettkönig wurde und bald als schnellster deutscher Sprecher galt.

Als ich in der 6. Schulklasse war, wurde festgestellt, dass ich lispelte. Ich bekam Sprechunterricht und lernte, mit einem Spiegel und einem Zahnstocher die Stellung meiner Zunge beim Sprechen zu kontrollieren. In dieser Zeit gewann ich Freude an Sprachspielen und Zungenbrechern, die mich mein Leben lang nicht los ließ.

Mit der Einstellung „Jetzt erst recht!" kann ein Handicap häufig in eine besondere Stärke verwandelt werden. Mitunter ist der Aufwand geringer als vermutet. Ein paar gute Tipps können Wunder wirken.

Die Lust an Zungenbrechern ist elementar. Kinder spielen bekanntlich nicht nur gern mit Bauklötzen, sondern auch mit Worten. Fröhliche Zungenbrecher-Wettbewerbe begeistern aber auch Erwachsene. Zu den altbekannten Zungenbrechern, die seit Generationen die Runde machen, gehören u. a. folgende:

Fischers Fritze fischte frische Fische,
frische Fische fischte Fischers Fritze.

Es klapperten die Klapperschlangen,
bis ihre Klappern schlapper klangen.

Blaukraut bleibt Blaukraut,
und Brautkleid bleibt Brautkleid.

Der Potsdamer Postkutscher putzt
den Potsdamer Postkutschkasten,
der Cottbusser Postkutscher putzt
den Cottbusser Postkutschkasten.

Wir Wiener Waschweiber
würden weiße Wäsche waschen,
wenn wir Wiener Waschweiber wüssten,
wo warmes, weiches Wasser wär'.

Der Leutnant von Leuthen
befahl seinen Leuten,
die Glocken nicht eher zu läuten,
bis der Leutnant von Leuthen
seinen Leuten das Läuten befahl.

Die Zeit ist längst reif für neue Stolperverse, die
dem Sprecher noch größere Anreize und stärkere
Herausforderungen bieten. Schon in meiner Stu-
dentenzeit begann ich, den Zungenbrecher zu einem lyrischen Ausdrucksmittel weiterzuentwickeln.

Bis heute sind dabei Jahr für Jahr neue Zungenbrecher-Gedichte entstanden, die zum größten Teil im vorliegenden Buch enthalten sind.

Zungenbrecher eignen sich hervorragend als Zungentrainer für bestimmte Laute, aber auch als Zungenlöser und Zungenbefreier. Das deutliche, geläufige und dann auch immer schnellere Sprechen von Zungenbrechern kann zu einem Sport werden – ähnlich dem Laufen, Schwimmen und Radfahren. Die Freude am schnellen Sprechen kann das Vergnügen an der Sprache überhaupt steigern (siehe auch das Kapitel „Das kleine Einmaleins des Sprechsports", die Website der Sprechsport-Bewegung www.sprechsport.de sowie das methodische Lehr- und Trainingsbuch „Sprechsport").

Andererseits soll das schnelle Sprechen nicht zum Selbstzweck werden. Ruhiges, gut akzentuiertes Sprechen wirkt meist überzeugender als schnelles Sprechen. Das schnelle Sprechen ist jedoch ein attraktives Trainingsziel, bei dessen Verfolgung man notwendigerweise all jene Sprechfunktionen besonders intensiv trainiert, die man auch für das Sprechen in Normalgeschwindigkeit benötigt.

Mit dem richtigen Atmen und dem guten Sprechen verbessern sich außerdem das eigene Wohlbefinden, das Lebensgefühl und die persönliche Ausstrahlung. Und wenn die Zunge anfangs an einigen Stolpersteinen hängen bleibt, sollte man Gelassenheit und Selbstvertrauen bewahren und sich sagen: „Jetzt erst recht!"

Dem sportlichen Vergnügen dienen auch meine Schüttelreime. Sie befinden sich jeweils am Ende der Kapitel. Der Schüttelreim ist eine Reimform, bei der die Anfangskonsonanten der letzten beiden betonten Silben miteinander vertauscht werden.

Beispiel:

Sportlicher Aufbruch

Wir tanzen, wo wir tanzen wollen,
bis sich vor Angst die Wanzen tollen!
Wir werden uns ins Ruder legen,
mag sich auch sonst kein Luder regen!
Wir woll'n als Stürmer Schüsse kicken,
bis uns're Fans uns Küsse schicken!
Lasst uns auf uns're Lunge schwören,
Sprechsport mit frischem Schwunge lehren!

Auf zum Sprechsport!

Brich dir die Zunge und nicht das Herz!

Politische
Stolpersteine

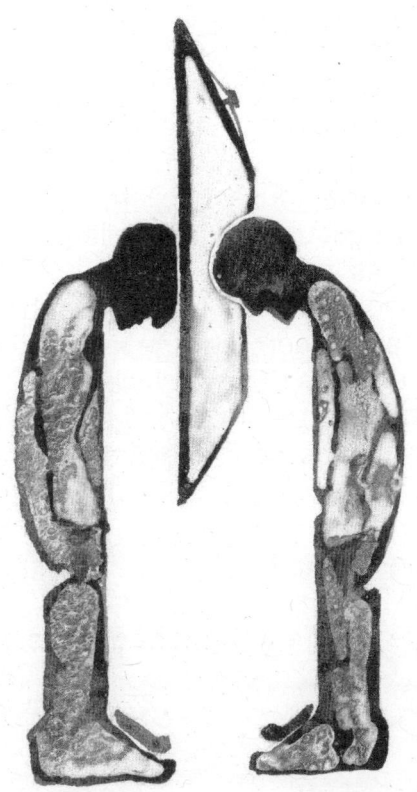

Machtkampf

Plötzlich raubte
der Gorilla
der Carola
den Chinchilla,

und so wollte
die Guerilla
dem Gorilla
an die Wolle.

Voller Groll
warf der Gorilla
mit Geröll
auf die Guerilla,

und dann krallte
der Gorilla
zum Chinchilla
die Carola.

Propaganda

In dem Lichte
griechischer Berichte
über türkische Geschichte
ist der Türke

nur ein Schurke

wie der Grieche
in dem Lichte
türkischer Berichte
über griechische Geschichte.

Orakel

Im Gefilde
wilder Dolden:
Silberschilde,
Helme golden.

Alle Mulden
voller Helden.
Helden bilden
stille Halden.

Silberschilde,
Helme golden
im Gefilde
wilder Dolden.

Staatsraison

Harald von Anhalt,
halte dich ran!
Ragnhild von Anholt
will einen Mann!

Baldur von Rungholt
bändelt schon an.
Rett sie vorm Unhold,
halt um sie an!

Harald von Anhalt,
handle als Mann:
Schaff einen Anhalter
Stammhalter ran!

Versöhnung

Preußen stressen,
Russen stressen.

Stressen Russen Preußen,
müssen Preußen schließen:
„Russen hassen Preußen!"

Stressen Preußen Russen,
müssen Russen schließen:
„Preußen hassen Russen!"

Müssen Russen schließen:
„Preußen hassen Russen!",
schließen Russen Straßen.

Schließen Russen Straßen,
lassen Preußen Russen fassen.

Lassen Preußen Russen fassen,
lassen Russen schießen.

Lassen Russen schießen,
lassen Preußen schießen.

Müssen Preußen schießen?
Müssen Russen schießen?

Müssen Preußen Russen hassen?
Müssen Russen Preußen hassen?

Lassen Preußen Russen grüßen,
lassen Russen Preußen grüßen.

Preußen müssen Russen essen lassen,
müssen Russen wissen lassen,
wessen Bissen Russen essen.

Russen müssen Preußen essen lassen,
müssen Preußen wissen lassen,
wessen Bissen Preußen essen.

Preußen müssen Russen prassen lassen,
Russen müssen Preußen prassen lassen,
riesen Bissen essen lassen,
riesen Massen fressen lassen.

Preußen, Russen, Russen, Preußen
essen, fressen, fressen, prassen,
Russen, Preußen, Preußen, Russen
reißen Possen, schmeißen Kissen.

Preußen küssen Russen!
Russen küssen Preußen!

Vasallentreue – Vasallenreue

Wie dien' ich dem König!
Wie frön' ich dem König!
Wie rühm' ich den König!

Entlohnt mich der König
mit Honig, beschämt mich
der König ein wenig!

Commonwealth

Wenn die Briten
die Schotten
mobben,

und die Schotten
die Briten
beim Mobben toppen,

und die Briten
die Schotten, die die Briten beim Mobben
          toppen,
foppen,

und die Schotten
die Briten, die die – die Briten beim Mobben
          toppenden – Schotten foppen,
beim Foppen toppen,

dann verspotten
die Hottentotten
Briten und Schotten.

Swing-Dynastie

Sieben Kulis tanzen Swing:
Ning, Näng, Nang, Nöng, Nong, Nung, Nüng.

Jeder wäre gern der King:
Ning, Näng, Nang, Nöng, Nong, Nung, Nüng.

Doch den allerbesten Swing,
ningenängenangenöngenongenungenüng,

tanzt der Kaiser Ming!

Herrscher-Neid

Wenn Herrscher sich die Herrschaft neiden,
dann müssen Heere höllisch leiden.
Eh Herrscher ihre Hintern heben,
verheizen sie manch Heldenleben.

Komplizen

„Du Stimmfang-Freistilkämpfer!
Du Wählerhirn-Verdumpfer
und Stumpfsinn-Übertrumpfer!"

„Mach Schluss, du Nest-Beschimpfer!
Als Steuergeld-Vermampfer
fahr'n wir im selben Dampfer!"

Staatssicherheit

Laut Akte „Hansi Schwitzel"
schreibt der verdeckte Spitzel
gezeichnet Ignaz Gnitzel
an V-Mann Fritz Scharmützel:
„Genosse Hansi Schwitzel
küsst sich mit Putzfrau Brützel."

Laut Akte „Fritz Scharmützel"
schreibt der verdeckte Spitzel
gezeichnet Hansi Schwitzel
an V-Mann Ignaz Gnitzel:
„Genosse Fritz Scharmützel
belästigt Britta Brützel."

Laut Akte „Ignaz Gnitzel"
schreibt der verdeckte Spitzel
gezeichnet Fritz Scharmützel
an V-Mann Hansi Schwitzel:
„Genosse Ignaz Gnitzel
verkehrt mit Putzfrau Brützel."

Geführt vom Kader Schlitzel,
Kontrollorgan für Spitzel,
ermittelt Jutta Pfützel,
Deckname „Britta Brützel",
längst gegen Spitzel Schwitzel,
Scharmützel sowie Gnitzel.

Gummi-Ethik

Was mein ist, ist auch dein,
was dein ist, ist auch mein,
doch darf's im ersten Fall
auch gerne anders sein.

Kleine Staatskunde

Wozu dient die Regierung?
Zur Eigeninszenierung.

Worauf zielt die Verwaltung?
Auf pure Selbsterhaltung.

Was machen Parlamente?
Sie sichern ihre Rente.

Wozu wird Recht gesprochen?
Um Gegner einzulochen.

Was tun die drei Gewalten?
Sie üben 's Handaufhalten.

Und was obliegt dem Bürger?
Die Arbeit und der Ärger.

Omerta

Wir nützen uns
und schützen uns
und halten eisern dicht,
denn ungeseh'n
ist ungescheh'n,
so wahrt man das Gesicht.

Wir schwätzen nicht,
und petzen nicht,
beweisen lässt sich's nicht,
du warst es nicht,
ich war es nicht
– was kommt da schon ans Licht?

(Omerta ist die Schweigepflicht der Mafia oder ver-
gleichbarer krimineller Vereinigungen.)

Auf Diät!

Wenn Prügel-Athleten
mit Muskelpaketen
uns – geil auf Moneten –
die Gräten zertreten,

und Terror-Proleten
mit Schreckschuss-Raketen
all ihre verdrehten
Parolen trompeten,

dann streicht unsern Räten,
den Weichei-Propheten,
Beschwichtigungs-Tröten
und Ängstlichkeits-Flöten,

die Phrasen herbeten
und schüchtern erröten,
statt uns zu vertreten,
mal rasch die Diäten!

Schüttelreime

Schönfärberei

Soll'n wir auch die noch Brüder nennen,
die unsre Hütten niederbrennen?

Aufklärungswut

Lohnt's, nach dem toten Hund zu graben,
auch ohne einen Grund zu haben?

Zündende Ziele

Wir müssen zu den Zielen finden,
die Herzensglut bei vielen zünden.

Letzte Warnung

Wenn den Bürger Plagen kratzen,
wird ihm rasch der Kragen platzen.

Wahlkampf

Die Rechten:
„Nimm dich in acht vor linken Schaben,
die sich an deinem Schinken laben."

Die Linken:
„Nein, hüte dich vor schlechten Ritten
auf ungebremsten rechten Schlitten."

Die Schwarzen:
„Pass auf, sonst musst du Gurken schaben,
die uns die grünen Schurken gaben."

Die Gelben:
„Verweigerst du die grüne Suppe,
tun sie dich in die Sühnegruppe."

Die Grünen:
„Durchschau's! Die Christen halten Kerzen
mit warmer Luft und kalten Herzen."

Die Wähler:
„Wir zweifeln, wen wir wählen sollen,
weil alle unsre Seelen wollen."

Wirtschaftliche Stolpersteine

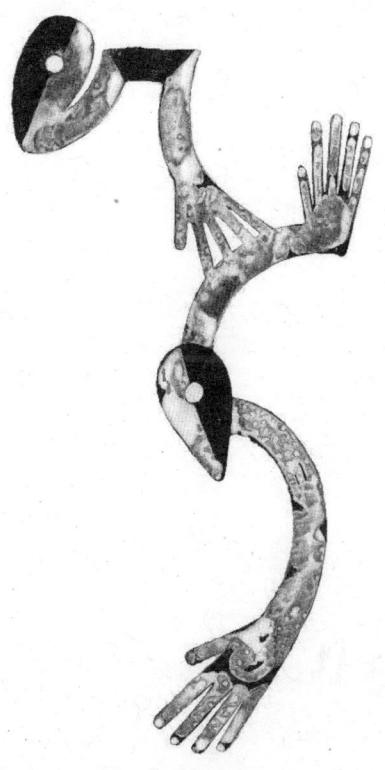

Freihandel

Verschaffst du
den Tee dir
am Markt hier,
dann merk dir
den Fakir
von Kaschmir!

Verramscht doch
der Fakir
von Kaschmir
als Tee mir
den Schiet hier
vom Tapir.

Forkenschwinger

Regt die Finger,
Freizeitjünger,
werft den Dünger
auf den Hänger!

Tim, Tom,
Ben, Jan,
ran alle Mann!

Rumgelunger
schafft nur Hunger,
werft den Dünger
auf den Anger!

Tim, Tom,
Ben, Jan,
ran alle Mann!

Regt die Finger,
Freizeitjünger!
Forkenschwinger
leben länger!

Tim, Tom,
Ben, Jan,
ran alle Mann!

China Connection

Am Hafen lebt ein Gastwirt,
der weiche Knie bekam,
als ihn mit diesen Worten
ein Gast zur Seite nahm:

„Wir steh'n nicht im Register,
doch können jedes zieh'n
und werden uns ab heute
um Ihren Schutz bemüh'n.

Wir haben drei Chinesen
in unserm Führungsstab.
Sie hören auf die Namen
Schau Hin, Lang Zu, Hau Ab.

Auch tun sich drei Chinesen
im Rechnungswesen um.
Das sind die Prokuristen
Sei Blind, Sei Taub, Sei Stumm.

Für das Inkasso zeichnen
am Fuß der Hierarchie
die ehrenwerten Herren
Peng Peng, Sack Ein, Sing Nie.

Die finanziellen Fragen
klär'n wir diskret vor Ort,
bei uns gilt nicht die Schriftform,
nur das geschoss'ne Wort.

Und hier ist noch ein Döschen
geprügelter Chow Chow
für Sie und Ihre Gattin –
wir haben das Know-how."

Die Sonderkripo fasste
das Team vom gelben Ring.
So wurd' sein Sitz verlagert
von Hongkong nach – Sing Sing!

Einstellungssache

Bloß nicht so anstellen!

Anstelle
sich bei Tankstellen
um eine Anstellung
anzustellen,

kann man sich krank stellen,
vor eine Bank stellen
und mal was Anständiges
anstellen.

Peppersacks Checkliste

Was mir mein Onkel riet,
der selbst im Sperrgebiet
vor keiner Schürze flieht:

„Sei um ein Weib bemüht,
doch lern, worauf man sieht,
bevor sie zu dir zieht.

Macht sie dir Appetit?
Ist sie schon voll erblüht,
doch nicht zu abgebrüht?

Wie steht's um ihr ‚Gemüt'?
Erbt sie mal ein Gestüt
mit Schloss und Waldgebiet?

Denn hat se an de Hacken
nich ok 'n beten Schiet,
is dat dat End von'n Lied!"

Analysten

Wolkenkratzer sind die Kästen,
wo, geschützt von Starjuristen,
stolz die Analysten nisten.
Eingeschweißt in weiße Westen
halten uns die Analysten
mit der schwarzen Kunst zum Besten.

Was blieb von den Börsenfesten?
Wer sucht in den Pleitewüsten
heut noch nach Vermögensresten?
Die Verluste, die verhassten,
und die Chancen, die verpassten,
danken wir den Analysten.

Welch Phantasten, die sich brüsten,
jeden Kurs zu überlisten!
Welch Finanzopportunisten:
Ob als krasse Optimisten,
ob als finst're Pessimisten,
stets kassier'n die Analysten!

Währ'nd sich Analysten mästen,
müssen Opfer von Verlusten
für den Rest des Lebens fasten.
Irr'geführt von Analysten
werden größte Pazifisten
noch zu Bestien und Sadisten,

die, erfüllt von Rachgelüsten,
danach trachten, Analysten
in den größten Bankpalästen
samt Prognosen auszumisten!
Ach, wenn doch die Analysten
einmal selber zahlen müssten!

Sinneswandel

Analysen lesen
und mit Börsenriesen
um Devisen losen?

In den Krisenphasen
mit den fiesen Blasen
in die Miesen rasen?

Nein! Wo Hasen äsen
auf den Wiesen dösen
und mit Rosen schmusen!

Mehr im Leisen hausen,
sich von Posen lösen
und vom Stress genesen!

Grenzverkehr

Tiefgekühlt im Zug nach Delfte
sprach die elfte Schweinehälfte
leis zur zwölften Schweinehälfte:
„Bist du meine and're Hälfte?"

Sprach die zwölfte Schweinehälfte
leis zur elften Schweinehälfte:
„Pst, ich bin die eine Hälfte,
Liebling, deiner bess'ren Hälfte."

Umkehr

Hast du Zank
mit der Bank,
wirst du krank!

Vielen Dank!
Ich bleib blank
und werd' Punk.

Bankweisheiten

Unternehmensphilosophie

Der Vorstandssprecher nannte schlank
die Leitprinzipien seiner Bank:
„Ökonomie beherrscht das Haus:
Was steckt man rein? Was kommt heraus?
An Ethik richten wir uns aus:
Was bleibt geheim? Was kommt heraus?"

Kleiderordnung für Investmentbanker

Verunziert dich ein Schlitz im Ohr,
kämm' elegant dein Haar davor.
Wenn keine deiner Zahlen stimmt,
dann sei am Scheitel gut getrimmt.
Gehört dein Job vors Strafgericht,
dann ist der Nadelstreifen Pflicht.
Doch ist dein Hals reif für den Strick,
rück die Krawatte in den Blick.
Ist deine ganze Bank bankrott,
mach sie mit neuen Schulden flott!

Insolvenz

Der Gescheiterte macht Pleite
und wird Beute streit'ger Leute.
Der Gescheite, der macht Pleite
und sucht's Weite mit der Beute.

Kreditauskunft

Der Geschäftsmann: Nervensäge.
Das Geschäftsgebaren: Schräge.
Unbekannte Handelswege,
unverständliche Verträge,
unauffindbare Belege,
doch fantastische Erträge!

Kante

Eine unbemannte Tante
tat was auf die hohe Kante.
Doch sobald sie sich ermannte
und zu einem Mann bekannte,

der sie freundlich „Tantchen" nannte,
leerte sich die hohe Kante,
bis die Tante ihn verbannte.
Heut zeigt ihm die Tante Kante.

Wat mutt, dat mutt   (Hamburger Platt)

„Wat mutt, dat mutt",
secht de Buttfischer,
„wenn de Kutter in'n Mud sitt,
mutt de Kutter wedder rut ut'n Mud!"

„Wat mutt, dat mutt",
secht Buttfischer sien Fru,
„wenn Botter bi den Butt mutt,
mutt Botter bi den Butt!"

„Ach watt", secht de Katt
und treckt sick'n Worm ut dat Watt.

Port Authority   (früher Strom- und Hafenbau)

Am Elbstrand ging ich ahnungslos,
doch jäh war mein Erstaunen groß,
am Schild stand „Port Authority",
und ich bekam fast weiche Knie.

Bis dahin hatte ich gedacht,
die englische Besatzungsmacht
hätt' längst verlassen unser Land,
jetzt wusst' ich, dass sie hier noch stand.

Statt deutscher Souveränität
galt hier ein britisches Dekret,
und das bestimmte klipp und klar,
dass Baden hier verboten war.

Dahinter steckte, wie mir schien,
wohl gar Her Majesty the Queen.
My dear! Jetzt jobbt die gute Frau
auch noch bei Strom- und Hafenbau!

De Boos

Moin, moin, düt is din erste Dach!
De Boos is noch vun't ole Slach.
Frog nie no Geld, de gift nich mehr,
de smitt di'n Tampen achter her.

He snackt mit di gern grot un breit,
woans't din Fru un Kinners geiht.
Man mark die eens, un hol din Snut,
„Betriebsrot", sprek dat Woort nich ut.

De Boos kennt bloots een „Rechtsbegriff",
de jümmers passt, de heet „klar Schiff!".
He quält sick nich um Schimp un Spott.
He secht: „Na und? Dat Schipp is flott!".

Wees froh, wenn he di'n Döskop nennt,
dat is sien grötstes Kumpelment.
Doch will he Hochdütsch mit di snacken,
kannst all di'n Zampelbüdel packen!

Schüttelreime

Bauschild

Wenn ich ein Schild bau'
und in die BILD schau',
find' ich fürs Bauschild
manch gutes Schaubild.

Effizienz

Weißt du, was mich verwundert hat?
Der Baukran braucht nur hundert Watt.

Marketing

Währ'nd er auf neue Käufer sann,
trank er, wie's nur ein Säufer kann.

Hängepartie

Sobald er eine Menge hatte,
verschrieb er sich der Hängematte.

Zum Richtfest

Verbaut wurd' hier an Steinen viel,
doch wahrlich nicht im feinen Stil.
Du schaust auf dieses schwache Bild,
bis Tränenfluss zum Bache schwillt.

Glaub mir, dass du voll Freude bist,
wenn Schimmel dies Gebäude frisst.
Manch Architekt im Hirne backt,
was bald die Abrissbirne hackt.

Der Bauherr hat hier keine Schuld?
Der dient dem Euro-Scheine-Kult,
wenn er die Miete satt verstaut
und dafür unsre Stadt versaut!

Preisfrage

Wenn Banken mit Milliardensummen krachen –
wer zahlt den Preis für ihre krummen Sachen?

Routineempörung

Wer wird nicht Schwarzgeld und geheime Kassen
als wirtschaftliche Krankheitskeime hassen?

Philosophische
Stolpersteine

Praktische Philosophie

Als der Duce nicht mehr putschte,
sondern nur noch Bontsche lutschte,

rutschte eine plietsche Deutsche
zu dem Duce auf die Pritsche,

wo sie über Nietzsche quatschte,
bis des Duces Peitsche klatschte.

Indianische Weisheit

In den Ebenen, weißer Mann,
leben die Eber.

In den Ebenen, weißer Mann,
leben die Biber.

Aber die Raben,
aber die Raben,

die Raben aber, weißer Mann,
die schweben darüber!

Sein oder Nichtsein

Es ulkt ein Kolk
wohl aus der Wolk':
„Ihr sollt mehr Rilke lesen!"

Ein Schuss. Der Kolk
fällt aus der Wolk',
und niemand ist's gewesen.

Verwesentlichung

Kaum beweisen
die auf dem Anwesen
anwesenden
handverlesenen
Belesenen

das Unwissen
der auf dem Anwesen
anwesenden
nicht handverlesenen
Unbelesenen,

da verweisen
die Unbelesenen
auf das unweise Wesen
der handverlesenen
Belesenen,

würden doch alle Wesen,
handverlesen
oder nicht handverlesen,
belesen
oder unbelesen,

sowieso verwesen.

Das kategorische Drehmoment

Als die Bekannte von Kant
sich zwischen Bettkante und Schrank
verkantet hatte,

drehte Kant die Bekannte
mit dem Vierkant
kurzerhand hochkant.

De Wettlop   (Hamburger Platt)

De Dod un dat Leven,
de löpt um de Wett,
un keener givt op
in de ewge Kett.

De Katt fret de Ratt,
de Ratt fret de Mett,
un de Mett fret de Katt,
de in't Gras beten hett!

Doch löp ik mol sülben
mit de Dod um de Wett,
dann löpt dor noch een –
de mi Huckepack rett.

Lebensrhythmus

Nie soll der Takt der Uhren
den Herzschlag kommandieren.

Sind Uhren unsre Herren,
sind wir die sturen Irren.

Dem Herzschlag schwör die Treue
und folg ihm stets aufs Neue!

Zeitenwechsel

Wir lebten in der Notzeit
und träumten von der Brotzeit.
Heut gibt es Schwarz- und Weißbrot,
doch leben wir in Zeitnot.

Das Küken

Der Kran-ich schloss sein Herz erst zu,
doch mauserte sich zum Kran-du.
Der Kaka-du kam nie zu sich,
doch rang sich durch zum Kaka-ich.

Die beiden wurden Frau und Mann,
ihr Küken war ein Kaka-kran.
Das lebte ohne Du und Ich
im Einklang mit der Welt und sich.

Kleine Seelenkunde

Ein Kaka-du verirrte sich
zutiefst in seinem Kaka-ich.
Ganz ohne Du auf sich gestellt,
verzweifelte er an der Welt.

Kaum sprach sein Weib: „Mein Kaka-du!"
fand er zurück zur Herzensruh.
Ein Enter-ich sah neidisch zu
und sprach: „Wie enter ich das Du?"

Versöhnliches

Gleichbehandlung

Beim Christsein ist das Schöne,
dass ich mich oft versöhne.
Doch ist es auch nicht schlechter,
wenn ich mich oft vertöchter'.

Krönungen

Die Verhöhnung der Versöhnung
ist die Krönung der Verhöhnung.
Die Gewöhnung an Versöhnung
ist die Krönung der Versöhnung.

Opfer

Doppelt gibt, wer gibt,
was er doppelt liebt.

Der lachende General

Ich kenne einen General,
der lacht bei Witzen stets drei Mal:

einmal, wenn man den Witz erzählt,
dann klingt sein Lachen noch gequält,

einmal, wenn man den Witz erklärt,
dann klingt sein Lachen unbeschwert,

einmal, wenn er den Witz begreift,
dann klingt sein Lachen ausgereift.

Doch wird was Ernstes vorgebracht,
dann lacht er, dass die Schwarte kracht.

So stellt der General sich dumm,
täuscht jeden Feind und lacht sich krumm.

Er ist es, der bei jeder Schlacht
– grob unterschätzt – als Letzter lacht.

Persönlichkeitsverwicklung

Selbstdarstellung
bis zur
Selbstbloßstellung

Selbstbeobachtung
bis zur
Selbstverachtung

Selbstbefreiung
bis zur
Selbstentzweiung

Selbstbeschäftigung
bis zur
Selbstentkräftigung

Selbstkasteiung
bis zur
Selbstentweihung

Selbstverwirklichung
bis zur
Selbstverwirkung

Selbstbehauptung
bis zur
Selbstenthauptung

Zuversicht

Geschnitzt aus festem Stamme,
weiß ich, wie viel ich stemme,
und wenn ich einst verstumme,
erweckt mich Gottes Stimme.

Advent

Advent, Advent!
Die Menschheit rennt,
ein Run auf Tand
und Schund entbrennt.

Man rennt geschwind,
behänd, gewandt,
doch rennt am End
nur an die Wand.

Advent, Advent!
Ein Lichtlein brennt.
Ergreift die Hand,
die zu euch fand!

Entweih-Nacht

Wer nicht rein macht
für die Weihnacht,
sich nicht fein macht
für die Weihnacht,

in sich rein lacht
und die Andacht
für die Weihnacht
nur zum Schein macht,

sich an Wein macht
und zur Weihnacht
Flaschen aufmacht
bis zur Ohnmacht,

macht die Weihnacht
glatt zur Schweinnacht.

Einladung

Bleib nicht stumm.
Bitt darum,
dass die Welt
sich erhellt.

Bleib nicht blind
für das Kind.
Wisch sein Wort
nicht gleich fort.

Bleib nicht taub,
sondern glaub!
Zweifle nicht.
Tritt ins Licht!

Glaube

Raubt mir die Nacht die Sicht –
du hast gesagt:
es werde Licht!

Wenn auch der Dornbusch sticht –
du hast gesagt:
es werde Licht!

Wenn auch der Zweifel spricht –
du hast gesagt:
es werde Licht!

Und wenn der Dämon ficht –
du hast gesagt:
es werde Licht!

Scheint auch der Himmel dicht –
du hast gesagt:
es werde Licht!

Wenn auch das Auge bricht –
du hast gesagt:
es werde Licht!

Schüttelreime

Gschaftlhuber

Sein Tagewerk ist greller Tand,
sein Horizont der Tellerrand.

Henkerdenke

Was soll man über Henker denken,
die vorzugsweise Denker henken?

Achillesferse

Willst du die Männer deftig kränken,
bezweifle, dass sie kräftig denken.

Besonnenheit

Fehlt dir bei Nebel Sicht,
zieh deinen Säbel nicht.

Könner und Neider

Kein Könner kann die Neider leiden,
die ihm sein Können leider neiden.
Den Könnern sollt man's Können gönnen,
dafür muss man halt gönnen können.

Indiz

Wo Brummer durch den Laden fliegen,
muss ein verdorb'ner Fladen liegen.

Trinkspruch

Vielleicht passier'n uns morgen Sachen,
die uns heut unnütz Sorgen machen.
Lasst uns die Gläser heben, Leute,
und denkt daran: wir leben heute!

Literarische Stolpersteine

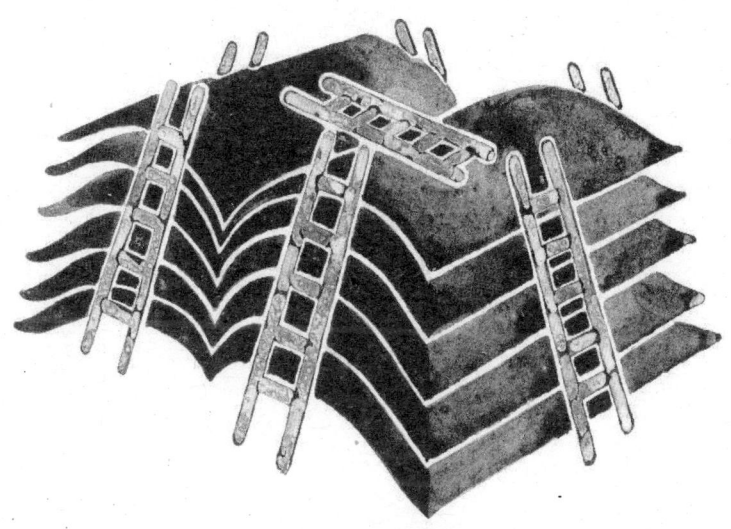

Sprachrätsel

Warum heißt Kakao Kakao
und der Kakadu Kakadu?

Wenn der Kakadu Kakao
und der Kakao Kakadu

und der Kaukasus Kakerlake
und die Latsche Bratsche hieße,

glaubst du,
dass sich jemand daran stieße?

Lautverschiebung

Warum wird dieser Sänger
wohl Nachtigall genannt?
Einst nahm Franz von Assisi
solch Vöglein in die Hand

und fragte: „Warum singst du
noch nachts im Quellental?"
Da sprach's: „Wenn ich verliebt bin,
ist mir die Nacht egal!"

Rachengeburt

Drei Sachen
erwachen
im menschlichen Rachen:

die Sprache,
das seufzende Ach
und das Lachen.

Lyrische Bestandsaufnahme

Unverständlich Verbrämtes
oder gezielt Unverschämtes,

wütend Aufgebäumtes
oder ermüdend Verträumtes,

geil Hingeschleimtes
oder unterkühlt Abgefeimtes,

biedermännisch Gereimtes,
oder manieriert Geleimtes

und nur sehr selten
etwas Gekeimtes!

Mit Worten

Mein Mundwerk ist Handwerk
und redliche Pflicht,
doch Hammer und Schraubstock
benutze ich nicht.

Ich sage mit Worten,
die jeder versteht,
das, was ich erlebe,
so schlicht wie es geht.

Aus heimischen Lauten
gemütvoll gebaut,
entsteht eine Bleibe,
dem Herzen vertraut.

Und jedes dem Aufbau
geschuldete Muss
verberg' ich unmerklich
im sprachlichen Fluss.

Albenschicksal

Allenthalben
lassen Milben
alte Alben
bald vergilben.

Wie die Alben,
so vergilben
alle Silben
in den Alben.

Böse Silben,
weise Silben,
schrille Silben,
leise Silben,

welche Silben
auch vergilben –
für die Milben
sind's dieselben.

Lurchlyrik

Im Röhricht
hör' ich Chöre röhren
mit Lyrikspuren,
die mich rühren,
und meine Ohren
Hören lehren.

Geständnis

Wenn deine Verse
doch auch so sinnlich wären
wie deine Fersen,
liebe Annett,

und deine Sonette
wie du so nett,
ich glaub', ich nähme
sie mit ins Bett!

Dichterpech

Es war einmal ein Dichterlein,
das stand auf Kriegsfuß mit dem Reim,
es mühte sich mit ernstem Sinn,
doch meistens klang das Reimwort schlimm.

Dem Ärmsten fehlte das Geschick,
zwar hatte er mitunter Glück,
doch blieb das Glück dann wieder weg,
traf ihn erneut sein Dichterpech.

Worte

Worte, Worte, Worte!
Werden Worte Ware?
Werden Worte Viren?

Worte, wahret Werte!
Worte, wahret Würde!
Wahre Worte währen!

Grammatik

Wer **mir** und **mich** verwechselt,
der hat sich schnell blamiert.
Drum musst du darauf achten,
dass dich das nicht passiert.

Wer **mein** und **dein** verwechselt,
der hat dagegen Glück.
Er wird Karriere machen
in Staat und Politik.

Wertermittlung

Wer ist der Wahrheit wert?
Wer das Denken ehrt.

Wer ist des Denkens wert?
Wer die Sprache ehrt.

Wer ist der Sprache wert?
Wer die Worte ehrt.

Wer ist der Worte wert?
Wer die Laute ehrt.

Wer ist der Laute wert?
Wer das Lauschen ehrt.

Wer ist des Lauschens wert?
Wer die Stille ehrt.

Wer ist der Stille wert?
Wer die Wahrheit ehrt.

Pressefreiheit

Am Ballermann tippte ein Katamaran
beim Wendemanöver ans Küken vom Schwan.
Das filmte per Zufall ein Kameramann,
der zoomte das Küken ganz riesig heran
und textete: „Küken rammt Katamaran!"

Dichten

„Sag mir, was gehört zum Dichten?"

„Alles sichten und gewichten,
tief Geschichtetes belichten.

Nur berichten, statt zu richten,
keiner Richtung sich verpflichten.

Nie sich nach der Mode richten,
Form und Stil nicht überzüchten.

Ausgerichtet sein am Schlichten,
aber nicht ins Seichte flüchten.

Doch das Wichtigste beim Dichten:
Lausch dem Rauschen in den Fichten!"

Fundstücke

Kröch' ich durch die Sprücheküche
mancher echten Dichterpsyche,
fänd' ich, fürcht' ich, nichts als Flüche.

Die Beete von Goethe

Als Goethe die Kröte erspähte,
die tödlich Tomaten bedrohte,
die Goethe im Beete einst säte,

gebot der Beredte der Kröte –
voll Güte – dass sie ohne Nöte
die Beete nie wieder betrete.

Das Kappeldipuck

Ich kauf' mir in Kappeln ein Kappeldipuck,
mit Nippel und Pippel und Knete
und koppel' das Kappeldipuck mit dem Zuck
und steck's in den Schlund meiner Flöte.

Dann blas' ich das hohe Hopp-Hopp-Halali
und tauch' mir den Flops in die Kehle,
der gurgelt die schrille Balüng-Melodie
und blüht aus zertrümmerter Seele.

Mignons Stoßseufzer

Sie trotzt dem Backenzahn,
trotzt Messers Schneide,
nur wer die Sehne kennt,
weiß, was ich leide.

Das ungleiche Paar

Im Wörterbuch stand das Wort „Amsel",
das sagte zum Worte „Mamsell":
„Ich würde mich gern mit dir reimen.
Ob ich die Betonung verstell'?"

Da sprach die „Mamsell" zu der „Amsel":
„Nein! Wie du bist, bist du mir lieb.
Doch würd' ich mich gern mit dir reimen.
Ob ich die Betonung verschieb'?"

Doch ihre Betonung zu wechseln,
das haben sie beide versäumt.
So mag man heut feilen und drechseln,
man kriegt sie doch niemals gereimt!

An meinen Bleistift

Wenn ich dich zücke
im Augenblick,
sei meine Krücke
im Missgeschick
und meine Brücke
zum kleinen Glück!

Sprachverwirrung

Warum nennt man Lebemänner
Lebemänner?
Leben denn nur jene Männer,
die als Lebemänner leben?
Leben denn die Lebemänner
überhaupt ein Männerleben?

Warum nennt man Lebedamen
Lebedamen?
Leben denn nur jene Damen,
die als Lebedamen leben?
Ist das Lebedamenleben
überhaupt ein Damenleben?

Dichtung

Wie Regen fallen
soll die Zeile,
so einfach
wie der Tropfen fällt,
vom Ewigen
ein Teilchen Weile,
vom ganzen All
ein Körnchen Welt.

Das Zeilenpaar

Es war'n mal zwei verliebte Zeilen,
die wollten stets bei sich verweilen
und küssten sich in einem fort
von Reimeswort zu Reimeswort.

Der Dichter aber ging ans Feilen,
hat andre Zeilen konstruiert
und in der Strophe so platziert,
dass sie's verliebte Paar zerteilen.

Doch hat's den Dichter nachts gereut.
Er sprach: „Nun lebt erneut zu zweit!"
und einte die verliebten Zeilen,
dass sie bis heut bei sich verweilen.

Schüttelreime

Heine

Du packst des Bürgers Hammelbeine,
drum hat er vor dir Bammel, Heine!

Wortgefecht

Lasst uns auf scharfe Worte setzen,
die schärfste Messersorte wetzen!

Schreiben und Treiben

Ganz kläglich, was er träge schreibt!
Unsäglich, was er schräge treibt.

Diagnose

Warum schläft dieser Brummer schlecht?
Er las noch kurz vorm Schlummer Brecht!

Literaturbetrieb

Ein Depp, wer nach Gedichten schielt,
ein King, wer mit Geschichten dealt.

Baudelaire

Im Arm von manchen steilen Zähnen
konnt' er verliebte Zeilen stöhnen.

Medizinische
Stolpersteine

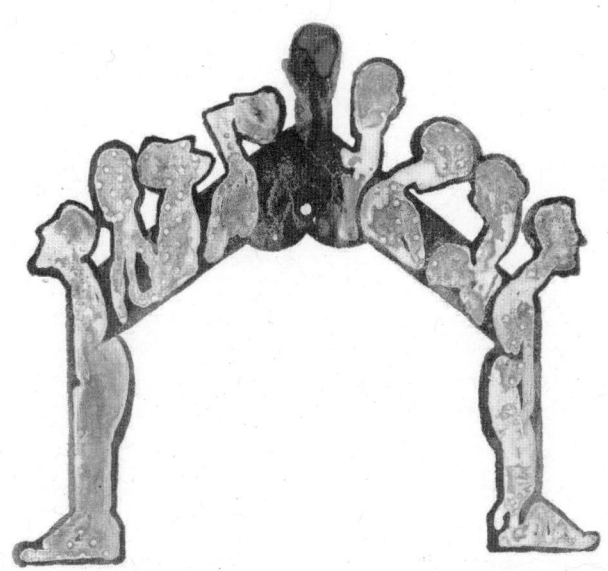

Medizinische Aufnahmeformalität

„K.O.?“
„K.O.!“
„AOK?“
„AOK!“
„O.K.!“

Therapeutischer Kurplan

Acht Uhr: Fastenkur
Neun Uhr: Zum Labor
Zehn Uhr: Stuhlkultur
Elf Uhr: Kurparktour:
                      Auf dem Kurparkparcours
                          um die Kurparkuhr
                          zum Kurparktor
                          und retour zum Labor
Zwölf Uhr: Rezeptur
Ein Uhr: Ruhekur
Zwei Uhr: Yoghurt pur
Drei Uhr: Kurparktour:
                      Auf dem Kurparkparcours
                          um die Kurparkuhr
                          zum Kurparktor
                          und retour zum Labor
Vier Uhr: Stuhlkultur
Fünf Uhr: Ruhekur
Sechs Uhr: Yoghurt pur
Sieben Uhr: Kurparktour:
                      Auf dem Kurparkparcours
                          an der Kurparkuhr
                          Fußfraktur!
                      Rezeptur: Intensivkur
In einer Tour
rund um die Uhr: Blutzufuhr, Dextropur
                      Blutzufuhr, Dextropur
                      Blutzufuhr, Dextropur

Physiognomischer Befund

Die Hampelgrinse
des Mehlmonds
beleckwedelt
Schleimziehe.

Rasierte Fettbleiche
umglattstoppelt
Kinnhangschwemme
mit Blährund.

Faltenpralle,
speckseimig befleischt,
äugt kriechemsig
aus Sämigem.

Beflissdienstige
Lächelnette
bezweckschmiert
Tränsackfeiste.

Schwein bei Grippe

Schlapp, als klapperndes Gerippe,
schwebst du bibbernd auf der Kippe,
doch du hüpfst der Schweinegrippe,
wenn du Schwein hast, von der Schippe!

Die rote Linie

Ein Kerl ging krumme Wege
und gab mir Nackenschläge,
nackata pack rum bum.

Ein zweiter kam mit Tücken
und schlug mir in den Rücken,
nackata pack rum bum.

Ein dritter legte Finten
und boxte mich von hinten,
nackata pack rum bum.

Mit jeder fiesen Nummer
wurd' auch mein Rücken krummer,
nackata pack rum bum.

Da sagte ich mir: Ende!
Ein Schlagring auf die Hände!
Nackata pack rum bum.

Schön grad dahergegangen,
ein Schlag, und der muss langen!
Nackata pack rum bum.

Mein Schlagring hat sechs Spitzen,
die sternenförmig sitzen,
nackata pack rum bum.

Wem die die Fresse zieren,
hört auf, mich zu traktieren,
nackata pack rum bum.

Der Erste spuckte Zähne,
dem Zweiten riss die Vene,
nackata pack rum bum.

Nach einer rechten Graden
ging auch der Dritte baden,
nackata pack rum bum.

Ja, eh ich bucklig werde,
beißt einer in die Erde,
nackata pack rum bum.

Seitdem kann sich mein Nacken
gut lockern und entschlacken,
nackata pickeli, nackata packeli,

NACKATAPACKRUMBUM!

Schweinegrippe

„Unser Stab hat Schweinegrippe,
schicken Sie die Bodentruppe!"

„Herr Major, die Bodentruppe
hat schon lange Schweinegrippe!"

„Hat schon lange Schweinegrippe?
Schicken Sie die Panzergruppe!"

„Herr Major, die Panzergruppe
hat seit gestern Schweinegrippe!"

„Was? Die ganze Panzergruppe?
Schicken Sie die Eingreiftruppe!"

„Herr Major, die Eingreiftruppe
hat seit heute Schweinegrippe!"

„Donner! Auch die Eingreiftruppe?
Schicken Sie den Helikopter!"

„Der Pilot vom Helikopter,
Herr Major, ist noch vergrippter!"

„Die verdammte Schweinegrippe!
Knallt doch alle Schweine ab!"

„Herr Major, wie Sie befehlen,
doch dann fehlt der Führungsstab!"

Irrsinnslogik

Sind herrische Irre
irrere Irre
als störrische Irre,

störrische Irre
irrere Irre
als närrische Irre

und närrische Irre
irrere Irre
als mürrische Irre,

sind herrische Irre,
wenn ich nicht irre, irrere Irre
als mürrische Irre.

Kleinanzeige

ARZT FÜR TARZAN
Suche Zahnarzt, Wurzelfachmann,
notfalls Tierarzt als Ersatzmann.
Welcher Arzt zieht Tarzans Eckzahn
und passt Tarzan Zahnersatz an?

Die Pillen

Zwei Schwestern hatten's häufig mit den Mandeln
und mit den Nieren und dem großen Zeh,
so ließen sie sich oft vom Arzt behandeln,
und der verschrieb mal Pille, mal Dragée:
      Phenazetin, Chinin, Aminoglyzeride,
      Methamizol, Calziumpantothenat,
      Oxytetracyclin-Hydrochloride –
      da fehlte nur ein grüner Kopfsalat.

Amalie schluckte stets, was er verschrieben,
mal Pille, mal Dragée – und sie verschied.
Nun, in der Erde ist sie heil geblieben,
Chemie schlägt Maden auf den Appetit:
      Phenazetin, Chinin, Aminoglyzeride,
      Methamizol, Calziumpantothenat,
      Oxytetracyclin-Hydrochloride –
      da war's Aroma schon ein wenig fad.

Helene wurd' heut hundert Jahr' in Ehren,
der Arzt erschien, als wäre er der Star.
Da schenkte sie ihm hundert Pillenröhren,
von denen keine angebrochen war:
      Phenazetin, Chinin, Aminoglyzeride,
      Methamizol, Calziumpantothenat,
      Oxytetracyclin-Hydrochloride –
      und dankte ihm für seinen guten Rat.

Facharzt

Hat dein Kindchen
kranke Bronchien,
zeig dein Kindchen
Dr. Hündchen.

Dr. Hündchen,
Uni München,
hat ein Händchen
für die Bronchien.

110

Auf der Lügenliege

Wenn ich auf der Psycholiege
eines Psychologen läge
und der Psychologe löge,

meine Psycholage trage
Züge einer Psycholüge,
die sich auf die Psyche lege,

stieg' ich von der Psycholiege,
denn statt meiner Psyche löge
nur der Pseudo-Psychologe.

Entspannungssegen

Falsch, dass du wegrennst vorm Gespenst!
Schau, wenn du kannst, dass du entspannst!
Damit verbannst du das Gespenst,
weil du's als Hirngespinst erkennst!

Stimmregel

Was mir die Stimme nimmt,
das macht mich missgestimmt.

Was meine Stimme trimmt,
das macht mich gut gestimmt.

Rezept

Für eine liquidationsoptimale
Therapie
des maladen Materials
verschreiben wir

subcutan:
Mephistolan,
Diabolin,
Satanasept,

oral:
Ramponidont,
Kamikazol,
Exitussin,

rectal:
Satirodont,
Euliquidin,
Quacksalbofex.

Schüttelreime

Stimmung und Stimme

Manch Sänger wird aus Seelenkummer
zu einem leisen Kehlensummer.

Konturarbeit

Du musst an deiner Hülle feilen,
durch Fasten dich von Fülle heilen.

Abnabelung

Wir öffnen unsern Schnabel nur,
durchtrennt man uns die Nabelschnur.

Juristische Stolpersteine

Handstreich

Als die Soldaten ihren Sold hatten,
stolperten sie über Soldaten,
die ihren Colt hatten,

so dass die Soldaten,
die ihren Colt hatten,
bald auch den Sold hatten,

was die Soldaten,
die ihren Sold hatten,
natürlich nicht gewollt hatten.

Verwaltungsakt

Die träge Herde
hört auf die Behörde,
an Pflöcke rammt
das Amt sie allesamt,

an Pflöcken blöken
blöd sie die Beschwerde,
ein Stempel zuckt –
und schon sind sie verdammt.

Rechtsstaat

Linkes Recht
ist schlechtes Recht.

Rechtes Recht
ist schlechtes Recht.

Schlichtes Recht
ist echtes Recht.

Gerichtsurteil

Wenn der Bestatter
die unstatthafte Bestuhlung
bei dem Bestuhler
abbestellt,

so kann der Bestatter
von dem Bestuhler
wegen Abbestellung
der beanstandeten Bestuhlung

statt einer Ausstattung
mit statthafter Bestuhlung
auch die Bestattung
des Bestuhlers verlangen.

Beweisaufnahme

Bezüglich der von dem Offizier
mit dem abgezogenen Bettbezug
bezeugten unziemlichen Bettbeziehung
der Bezichtigten mit dem Tapezier

bezeugt die Bezichtigte
den unverzüglich nach Einzug
des Offiziers bei der Bezichtigten
erfolgten Umzug

des Tapeziers nach Zürich.

Alibi

Kolibri, Kolibri,
Ali fehlt ein Kilo Brie,
und dir fehlt ein Alibi!

Kolibri, Kolibri,
Lilo fehlt ein Gold-Etui,
und dir fehlt ein Alibi!

Kolibri, Kolibri,
frei spricht dich der Richter nie
ohne Alibi!

Verkehrsordnung

Der Verkehr
mit einer Verkehrsteilnehmerin
ist zulässig,

soweit der Verkehrsteilnehmer
die im Verkehr erforderliche
Sorgfalt beachtet

und nicht länger
als nach den Umständen unvermeidbar
mit der Verkehrsteilnehmerin verkehrt.

Strafverschärfender Umstand

Hat die Belästigung
der Belästigten
den Belästiger
besonders belustigt,

ist der Belästiger
durch die Belästigung
der Belästigten
besonders belastet.

Freie Entfaltung der Persönlichkeit

Damit die Hinterklöße
in voller Größe
sie entblöße,

löse die Stripteaseuse
die ominöse
letzte Öse der Hose

und bringe die Chose in Pose
und das Publikum
– unter Hypnose.

126

PIN-Panne

Sven hält viel
von Frau von Finn,
Frau von Finn
auch viel von Sven.

Sven hat Fun
mit Frau von Finn,
Frau von Finn
auch Fun mit Sven.

Sven wird Fan
von Frau von Finn,
Frau von Finn
auch Fan von Sven

und verrät Sven
ihren PIN.
Wo ist Sven?
Wo ist Sven?

Wo ist Sven
denn plötzlich hin –
mit dem Geld
von Frau von Finn?

Hausordnung

Dem Mieter sind untersagt:

Trunksucht beim Einzug,
Klimmzug am Abzug,
Unfug im Anzug,
Unzucht im Aufzug,
Streitsucht beim Auszug.

Der Hausungetümer

Platzwechsel

Ein Wilddieb sattelte sein Pferd,
der musste ganz besessen sein:
Erst saß er auf, dann saß er ab,
dann saß er an, nun sitzt er ein.

Tatbestand und Rechtsfolge

(§1234 Beschäftigungsbescheinigungsverordnung)

Wer die Bescheinigung
der Beschäftigung
beschädigt,
die Beschädigung
der Bescheinigung
der Beschäftigung
beschleunigt
und die Beschleunigung
der Beschädigung
der Bescheinigung
der Beschäftigung
beschönigt,

hat den Geschädigten
wegen Beschönigung
der Beschleunigung
der Beschädigung
der Bescheinigung
der Beschäftigung
durch beschleunigte
Verschönerung
der beschädigten
Bescheinigung
der Beschäftigung
zu entschädigen.

Schüttelreime

Straf-Unmaß?

Komm' ich in einer Handschelle
in die Gefängnis-Schandhölle,
weil ich in eurer Handtasche
nach Wohlstandsmüll und Tand hasche?

Mackie Messer

No nightlife,
without light knife!

No knightlife
without light knife!

Causa finita

Ich danke für den kleinen Schein.
Die Steuersünden scheinen klein.
Nun landen ihre Steuerfälle
diskret in meiner Feuerstelle.

Gesellschaftliche
Stolpersteine

Generationenkonflikt

Immer,
wenn die tütelige Teetante
den Tee
in die Kaffeetüte getan hatte,

tütete
die patente Nichte der Teetante
den Tee
von der Kaffeetüte in die Teetüte um.

Rauchvergiftung

Musst du rauchen,
musst du schmauchen,
unverbrauchte
Luft verbrauchen
und mir Rauch
ins Auge hauchen?

Krauche ich
in deinem Rauche,
raucht's vor Wut
in meinem Bauche!

Du verlachst
mein Wortgefauche?
Wart, ich stauch' dich
in die Jauche!

Rohrspatz

U-Bahn-Röhre,
Auspuff-Röhre,
Fernseh-Röhre,
Hosen-Röhre,
Pillen-Röhre,
arme Göre!

Genossenschelte

Geschlossen, Genosse,
geschlossen!
Und bist du der Boss
der Genossen,
werd nie zum Genossen
von Bossen!

Dummkopf

Alter Dummkopf
mit dem Rumtopf!
Topf den Rumtopf
um, du Schrumpfkopf,
dass der Rumtopf
nicht so rumtropft.

Führerscheinprüfung

Machst du Schlenker
mit dem Lenker
stets mit Blinker –
bist du Denker.

Machst du Schlenker
mit dem Lenker
ohne Blinker –
bist du Henker.

Fachkompetenz

Fängst du Krach an,
kleiner Wachmann?
Bist du Hauptmann
von der Hochbahn?

Frag den Fachmann,
kleiner Wachmann!
Ich bin Fachmann
für den Flachmann!

Präferenzen

Fragt ein Berner Kirchendiener
den Sankt Bernhard: „Sind Euch Berner
oder Wiener Diener lieber?",
als Sankt Bernhard ihm erwidert:
„Lieber sind mir Bernhardiner!"

Revolution

Die Großen
genießen das Essen
und grüßen die Massen.
Die Massen
zu Füßen der Großen
vermissen das Essen.

Die Großen
verprassen gelassen
· das Essen der Massen.
Die Massen
entreißen den Großen
entschlossen die Bissen.

Die Großen
erblassen und lassen
die Massen beschießen.
Die Massen
verstoßen die Großen
mit Schüssen und Spießen.

Die Größen der Straßen
verheißen den Massen
das Essen.
Die Massen
begrüßen besessen
die Größen der Straßen.

Die Größen der Straßen
vergessen beim Prassen
die Massen.
Die Massen
beschließen, die Größen
der Straßen zu schassen.

Die Größen der Gossen
erschießen
die Größen der Straßen.
Die Massen
begrüßen besessen
die Größen der Gossen.

Die Größen der Gossen
genießen die heißen
Mätressen.
Die Massen
vermissen das Essen
und beißen in Kissen.

Genossen der Massen
erschießen
die Größen der Gossen.
Die Massen
begrüßen mit Küssen
die großen Genossen.

Die großen Genossen
verlassen
gerissen die Massen.
Die Massen
vermissen die Kassen
und beißen ins Gras.

Aufbruch

Gehen und laufen
statt stehen und saufen,
ziehen und scheuchen
statt fliehen und schleichen,
    immer das Glück
    aller im Blick!

Hämmern und klotzen
statt jammern und motzen,
strampeln und schleppen
statt hampeln und neppen,
    immer im Sinn:
    Wofür? Wohin?

Tragen und wagen
statt klagen und zagen,
leben und lodern
statt beben und modern,
    stets der Natur
    dicht auf der Spur!

Beamtenpflicht

Gut gekämmte
Staatsbeamte,
kämpft im Amte
für Zerlumpte!

Unverkrümmte
Staatsbeamte,
kämpft im Amte
für Gelähmte!

Ungehemmte
Staatsbeamte,
kämpft im Amte
für Verklemmte!

Angestammte
Staatsbeamte,
kämpft im Amte
für Verfemte!

Gut gestimmte
Staatsbeamte,
kämpft im Amte
für Verstummte!

Vivaldi-Kult

„Vivat Vivaldi!" rief die Tebaldi,
als sie Vivaldi Huldigung zollte,
wiewohl Vivaldi von der Tebaldi
solchen Vivaldi-Kult gar nicht wollte.

Punsch nach Wunsch

Noch einen Wunsch, noch einen Punsch?
Für jeden Wunsch von Mensch zu Mensch
stoß an mit Punsch – von Mensch zu Mensch!
    Ein Punsch zum Brunch,
    ein Punsch zum Lunch,
    ein Litschi-Punsch,
    ein Punsch-Orange,
    ein Punsch mit Kirsch,
    ein Zwetschgenpunsch!
    Ich pantsch und mantsch
    den Punsch nach Wunsch!

Noch einen Wunsch, noch einen Punsch?
Ein deutscher Punsch ist niemals falsch,
ein echter Kutscher-Punsch mit Kölsch!
    Ein Punsch zum Brunch,
    ein Punsch zum Lunch,
    ein Litschi-Punsch,
    ein Punsch-Orange,
    ein Punsch mit Kirsch,
    ein Zwetschgenpunsch!
    Ich pantsch und mantsch
    den Punsch nach Wunsch!

Noch einen Wunsch, noch einen Punsch?
Kriegst du mal Knatsch mit deiner Olsch,
dann – zwitscher noch'n Punsch mit Kölsch,
    Ein Punsch zum Brunch,
    ein Punsch zum Lunch,
    ein Litschi-Punsch,
    ein Punsch-Orange,
    ein Punsch mit Kirsch,
    ein Zwetschgenpunsch!
    Ich pantsch und mantsch
    den Punsch nach Wunsch!

Mediales Heldentum

Wer Bild gefällt,
gefällt der Welt.
Wer Bild missfällt,
missfällt der Welt.
Wenn's Bild gefällt,
wird vor der Welt
mit Bildgewalt
ein Held Gestalt.
Der Held von Bild
wird Held der Welt,
der Held wird Kult,
der Kult wird Geld.

Wenn's Bild gefällt,
dann fällt der Held,
wird seine Schuld
der Welt enthüllt,
wird Bild um Bild
mit Schuld gefüllt,
im Bildgehalt
die Schuld geballt,
das Heldenbild
gezielt gekillt,
der Held verprellt
und kaltgestellt.

Rache

Wenn schwache Fellachen
mit ächzenden Knochen
als Knechte malochen
im Schacht,

von reichen Fellachen,
die frech die Gebrechen
der Schwachen verlachen,
bewacht,

dann brechen die schwachen
Fellachen den Wachen
aus Rache die Knochen
bei Nacht.

Tattoo? Wozu?

Noch kein Tattoo?
Wo lebst denn du?
Durch ein Tattoo
wirst du erst du.
Das ist der Clou!

Lass mich in Ruh
mit dem Tattoo!
So ein Tattoo
ist nicht mein Schuh!
Ich pierce mich zu!

Der Total-Kubist

Ich bin bekannter Architekt.
Bei mir ist mancher angeeckt,
der runde Formen propagiert
und sich vom Kubus distanziert.

Ich bin auf Kuben eingestellt,
der Kubus, das ist meine Welt.
Ist nicht die Kugel ordinär?
Wenn doch der Erdball kubisch wär!

Das Weltall ist ein Sündenfall,
der Schöpfer kam nicht los vom Ball.
Der Mond, die Erde, alles rund
wie der Bonbon im Kindermund.

Das Weib ist rund, dort wo es sitzt
und wo's im Büstenhalter schwitzt.
Mir bleibt von Liebe keine Spur.
Dem Weib fehlt schlicht die Kubatur.

Der Dandy

Mehr Knopf und Zwirn
als Kopf und Hirn,

mehr Taft und Schlips
als Kraft und Grips,

mehr Drumherum
als Mumm.

Der Sachse

Der schlauste der Füchse,
der flinkste der Luchse,
der frechste der Dachse
ist sicher der Sachse.

Und kannst du nicht tricksen,
dann gleichst du dem Ochsen,
dann bist du dem Sachsen
kein bisschen gewachsen.

Das Netzwerk

Wenn der Rudi den Bodo stützt,
weil ihm Bodo im Bauamt nützt
und der Bodo den Fidi stützt,
weil ihm Fidi im Stadtrat nützt,

und der Fidi den Büdi stützt,
weil ihm Büdi im Rechtsamt nützt,
und der Büdi den Rudi stützt,
weil auch Rudi im Dampfbad schwitzt,

dann ist alles vernetzt,
ohne dass einer petzt,
dann ist alles geritzt,
ohne dass einer sitzt.

Hinterlassenschaften

Wo die Hundehalter laufen,
häufen sich die Hundehaufen.
Wär'n die Hundefuttergeber
doch auch Hundehaufenheber!

Heißhunger

Isst Ulf ein Ei,
isst er auch zwei,
und isst Ulf zwei,
isst er auch drei,

und wer Ulf kennt,
der achtet drauf:
Ulf isst am End'
auch alle auf.

Radwechsel

Wenn Konrad etwas vorhat,
dann mit dem Rennmotorrad.
Fast täglich wächst sein Vorrat
an Werkzeug fürs Motorrad.

Und wer für ihn ein Ohr hat
und einen Schuss Humor hat,
bestaunt, dass sein Motorrad
ein neues Auspuffrohr hat.

Jedoch seit seiner Heirat
hat Konrad einen Beirat,
sodass er kaum noch frei hat.
Heut schiebt er meist ein Dreirad.

Hiphopper und Popper

Der Hiphopper
liebt den Hiphop
und lehnt Pop
und Popper ab.

Der Popper
liebt Pop
und lehnt Hiphop
und Hiphopper ab.

Aber Hiphopper
und Popper
fahr'n auf Laptop
und Puppen mit Pep ab.

Die Apple-App

Mein Apple-Laptop hat 'ne App
mit Apple-Link zum World Wide Web
und einer worldwide Apple-Map.

Mit dieser Multi-Kulti-App
schleppt mich mein Laptop step-by-step
zu Pop und Strip und Gangster-Rap.

Hältst du die Apple-App für Nepp,
bist du 'n bekloppter Super-Depp!
Veräppel nie die Apple-App!

Das Pop-up

Bob jobbte als Hiphopper
und blockte Popper ab,
doch stieß als Online-Shopper
auf Popmusik und Popper
und Pop-Papperlapapp.

Im Laptop vom Hiphopper,
da spukte ein Pop-up:
Der Kopf von einem Popper!
Prompt tobte der Hiphopper
und pöbelte: „Kopp ab!"

Doch das Pop-up vom Popper
ließ nicht vom Laptop ab.
Da schubste der Hiphopper
den Laptop in die Wupper.
Dort blubberte er ab.

Bekanntschaft

Wird aus der Bekanntschaft
mit deiner Bekanntschaft
aus Leichtsinn Verwandtschaft,

dann machst du Bekanntschaft
mit mancher Verwandtschaft
von deiner Bekanntschaft,

passt auch die Verwandtschaft
von deiner Bekanntschaft
dir nicht in die Landschaft.

Gute Sicht

Sah Susi Lisa
vis-à-vis,
sah Lisa Susi
nah wie nie.

Sah Susi Lisa
nah wie nie,
sah Lisa Susi
vis-à-vis.

Deutschunterricht

Fragt die Dame einen Fähnrich:
„Kommt's Wort Fähnrich vom Wort Fahne?"
Sagt der Fähnrich: „Ja, ganz ähnlich,
wie's Wort dämlich vom Wort Dame!"

Tümelei

Ob Römertum,
Germanentum –
im Altertum,
da ging's um Ruhm,
um Heldentum
und Heiligtum.

Das Bürgertum
lebt vom Konsum,
vom Eigentum
und Wachstumsboom,
vom Bildschirmzoom
im Fitnessroom.

Anrede

Meier hatte mich betrogen.
Deshalb schien's mir überzogen
an ihn „Werter Herr!" zu schreiben.
Ich wollt' bei der Wahrheit bleiben,
und so formuliert' ich freier:
„Allerwertester Herr Meier!"

Ehrlich, Erich!

Mal ehrlich, Erich,
du bist begehrlich.
Das ist beschwerlich
und höchst gefährlich.

Erich, zerstör Dich
nicht unaufhörlich!
Mach dich entbehrlich,
dann lebst du herrlich!

Aufbau

Wenn wir zimmern
und uns kümmern,
statt zu wimmern
und verschlimmern,
wird aus Trümmern
Hoffnung schimmern.

Op Platt!   (Hamburger Platt)

Vertell doch mal un tro di wat,
versöök dat wedder mal op Platt!
Wi weet doch all vun Vattern her
wo scheun de Welt op Plattdüütsch weer.

Dat Hochdüütsch is blots för de Bühn',
de Amtsspraak, de schall Plattdüütsch sien!
Denn kaamt blots de in't Parlament,
de butenkopps ok Plattdüütsch kennt.

Denn kloppt dat Amt för Denkmalschutz
op Plattdüütsch richtig op'n Putz
un seggt: „De ole Spraak blifft stahn,
to'n Düvel mit den hochdüütsch Kraam!"

De Richter maakt den Röver kloor:
För düsse Saak kriggst du fief Johr.
Ob's Heimatblatt dat plattdüütsch bringt?
Na klor! Wiel dat veel beter klingt.

Un keen mit Wahlgeschenken prohlt,
den warrt op Platt de Moors versohlt.
Un wenn he as de Düwel lücht,
so'n Grootmul, de bedrögt uns nicht.

Op Hochdüütsch snackt se all so'n Smus,
in't Plattdüütsch, dor sün wi to Huus.
Blief jümmers fit und op'n Kiviv!
Blief as du büst un hol die stief!

Körperpflege

Ich bin in die Wanne gekraxelt
und hab' mir die Waschen geachselt,
mal schnell mit den Augen geklimpert
und dann meine Tusche gewimpert.

Besorgt, meine Hand zu verknacken,
hab' ich mir die Puder gebacken,
mich lang auf das Sofa geflegelt
und dann meine Schnitten genägelt.

Das Gelage

Ich trank drei Flaschen von dem Roten,
konnt' nicht mehr meine Kniege floten,
ich mocht' sie dreh'n und mocht' sie winden,
konnt' meine Biege nicht mehr flinden,
trank noch drei Flaschen von dem Weißen,
konnt' kaum noch durch die Schille breißen.

Die neue Kollegin

„Was soll ich als Bürogehilfin tragen?
Kannst du mir was zur Kleiderordnung sagen?"

„Hier gibt's nur eine Kleiderordnung – leider.
Warst du beim Chef, dann ordne deine Kleider!"

Geschafftes

Lehrerschaft

Ein Schüler, der die Lehrer schafft,
beschäftigt oft die Lehrerschaft.

Liegenschaft

Das Callgirl kauft die Liegenschaft.
Toll, was man so im Liegen schafft!

Bürgerschaft

Den Weg in Hamburgs Bürgerschaft
schafft nur, wer zwanzig Burger schafft.

Meisterschaft

Nicht alles, was ein Meister schafft,
zeugt auch von seiner Meisterschaft.

Wissenschaft

Gewissenhaft ist Wissenschaft,
die Wissen nutzt und Wissen schafft.

Schüttelreime

Hausputz

Beim Abwasch vor der Spüle stehen,
beim Schrubben unter Stühle spähen,
beim Hausputz dem Verstauen frönen,
das ist's worunter Frauen stöhnen.

Kaum hilft der Mann beim Kistentragen,
tropft ihm der Schweiß vom tristen Kragen.
Die Frau lernt seine Flüche kennen –
er hört sie in der Küche flennen.

Beredte Tat

Kannst Armut mit der Spende brechen.
Lass deine Spende Bände sprechen.

Kalkül

Ich werd' ihr einen Döner schenken,
dann wird sie von mir schöner denken.

Berührungsangst

Ich mag nicht gern mit Frauen klönen,
die hintenrum dem Klauen frönen.

Hieb und Stich

„Du bist zu mager, meine Schwester,
du bräuchtest einen Schweinemäster!"
„Dir fehlt Respekt vorm Schwesterlein,
du ausgewachs'nes Lästerschwein!"

Auswahlkriterium

Nur wer sein Bild verhunzt, Kalle,
hat Chancen bei der Kunsthalle!

Kampfgeschrei

Willst du das Schwert im Schilde führen
und Zwietracht im Gefilde schüren?
Du wirst nicht durch die Bresche dringen,
dein Anschlag wird dir Dresche bringen!

Männertreu

Wenn ich mich am Vertrauen freue,
beweise ich den Frauen Treue.

Trugschluss

Darfst nicht an einem mauen Fressen
die Kochkunst aller Frauen messen.

Glücksspieler

Sie lauern an den Fintentischen
gleich hinterhält'gen Tintenfischen.

Der Skinhead

Der Skinhead gleicht dem Killerwal:
Den ganzen Schädel will er kahl.
Am Bahnhof in der Spielergrotte
vernascht er manche Kieler Sprotte.

Binsenwahrheit

Im Wettbewerb der schlauen Fragen
kann nie ein Mann die Frauen schlagen.
Die Männer füll'n beim Brauen Fässer,
doch denken können Frauen besser.

Dealer

Kaltes Herz und heiße Ware,
schwarze Kasse, weiße Haare.

Textile Tücke

Verheddert sich die Schnürtelgalle,
enthedder sie zur Gürtelschnalle!
Vertüdelt sich dein Rickelwock,
enttüdel ihn zum Wickelrock!

Lockenpracht

Obwohl die Hungerlöhne schocken,
legt die Friseuse schöne Locken.
Wenn samtweich deine Locken gleiten,
hörst du vor Glück die Glocken läuten.

Pädagogische Stolpersteine

Hausaufsatz

Wenn Papa Grappa schlabbert,
mit schlappen Lippen bibbert
und Mamas Happen knabbert,

beschwipst mit Tellern scheppert
und auf die Kippe sabbert,
scheint Papa Mama deppert.

Klassenausflug

Vieh hält Ruh',
Kuh bei Kuh.

Hier ein Muh,
dort ein Muh,

Kälbchen, du,
sag mal Muh!

Vieh hält Ruh',
Kuh bei Kuh.

Geschichte

Wer war Widukind?
Hör mal, Kind,
kennst du Widukind?

Auch Widukind
gab keine Ruh',
Kind!

Auch Widukind
vergaß,
wo seine Schuh' sind.

Auch Widukind
war ein Kind
wie du, Kind!

Nacherzählung

Es war einmal
ein Kunguru,
fand keine Ruh',
fand keine Ruh',

da sprang's und wurd'
zum Kinguru,
fand keine Ruh',
fand keine Ruh',

da sprang's noch manches Mal dazu
und wurd' zum King-Kang-Kunguru,
fand keine Ruh',
fand keine Ruh',

pardauz, da fiel's,
nun hör gut zu:
da wurd's ein echtes Känguru
und hatte endlich – seine Ruh'.

Chorkonzert

Ob Sexte, Quinte, Quart und Terz,
der Chor singt falsch, doch das mit Herz.
Ob Quinte, Sexte, Terz und Quart,
kein Irrtum bleibt dem Bass erspart.

Ob Quarte, Sexte, Terz und Quint,
auch der Tenor scheint notenblind.
Ob Terz, ob Quinte, Quart und Sext,
der Alt ertönt, doch klingt verhext.

Und selbst am kleinsten Intervall
kommt der Sopran grandios zu Fall.
Was schon als Schönbergs Werk erscheint,
als Händel ist das Stück gemeint!

Der Dirigent drischt mit dem Stock
und macht aus Hochbarock Hard Rock.
Ein Glück noch, dass der Chor nicht singt,
wie er den Stab verzweifelt schwingt.

Manchmal zu früh, doch meist zu spät,
traktiert der Trommler sein Gerät.
Der Hörer würd' vor lauter Grau'n
gern selbst mal auf die Pauke hau'n.

Was jedem Hörer schmerzt im Ohr,
die erste Geige macht es vor.
Der Geiger manövriert den Steg
dem Cellobogen in den Weg.

Ein Bläser begeht Meuchelmord
mit Fis am G-Dur-Schlussakkord.
Ein solcher Auftritt fordert Mut.
Wie klingen da die Pausen gut!

Der Kritiker schrieb: „Wundervoll
erklang die Messe in h-moll".
Ein Leserbrief erst stellte klar,
dass es doch der „Messias" war.

Tierkunde

Das Schneehuhn liebt den Schnee,
die Seekuh liebt die See.

Das Teichhuhn liebt den Teich,
das Eichhorn liebt die Eich'.

Das Rebhuhn liebt die Reb',
der Steppenwolf die Stepp'.

Das Haushuhn liebt das Haus,
das Mauswiesel die Maus.

Die Saatgans liebt die Saat,
der Drahthaar liebt das Wohnzimmersofa.

Kuh und Gnu (Unterstufe)

Wie die Kuh
so gut wie nie das Gnu sieht,
mag sie auch so gut seh'n,
wie das Gnu,

wird das Gnu
so gut wie nie die Kuh seh'n,
mag es auch so gut seh'n
wie die Kuh.

Kuh und Gnu (Mittelstufe)

Sieht die Kuh
das Gnu
die Ski zieh'n,
zieht die Kuh
die Ski
wie's Gnu.

Sieht das Gnu
die Kuh
die Ski zieh'n,
sieht das Gnu
der Kuh
nur zu.

Kuh und Gnu (Oberstufe)

Wie übt die Kuh Ski?
Das Gnu zeigt der Kuh wie.

Ruft das Gnu der Kuh zu:
„Schließ die Schuh', du Vieh!",
löst die Kuh die Schuh'.

Ruft das Gnu der Kuh zu:
„Schieb die Ski, du Vieh!",
zieht die Kuh die Ski.

Ruft das Gnu der Kuh zu:
„Bieg die Knie, du Vieh!",
fliegt die Kuh aufs Knie.

Ruft das Gnu der Kuh zu:
„Gib dir Müh, du Vieh!",
zuckt die Kuh, guckt die Kuh, spuckt die Kuh –

liegt die Kuh im Schnee.

Märchenstunde

Fridolin, Fridolin,
sing das Lied vom Zeppelin,
sing zur Mandoline!
Ann-Kathrin, Ann-Kathrin,
lass die Melodien erblüh'n
auf der Violine!

Zeppelin, Zeppelin,
schweb mit uns zum Morgenglüh'n,
folg den sieben Schwänen,
lass uns zu den Meeren zieh'n,
wo die blauen Wale sprüh'n
goldene Fontänen!

Der Hase und der Igel

Der Hase und der Igel, die schlossen eine Wett',
wer schneller laufen könnte und wer mehr Puste hätt'.
Am nächsten Morgen frühe, da sollt' der Wettlauf sein,
vorm Tor von Buxtehude, wohl über Stock und Stein.
Der Has' sprang aus dem Startloch und stürzte blindlings los,
er rannte wie ums Leben, in Sätzen riesengroß.

Durch Klee und Kartoffeln
  mit flinken Pantoffeln,
    durch Kohl und Karotten
      mit fliegenden Zotten,
    durch Rüben und Roggen
      mit sausenden Socken,
    durch Felder und Koppeln
      und Dornen und Stoppeln,
    ein Laufen und Wetzen,
      ein Schnaufen und Hetzen
        und immer nicht eilig genug.

Am Ziele angekommen, wischt' er sich Aug' und Ohr:
Da saß doch schon der Igel und grunzt': „Ick bün all dor!"
Nur Stacheln sah der Hase, nur Stacheln grau in grau.
Dabei ist ihm entgangen: Das war des Igels Frau!
Der Hase keuchte wütend: „Du hattest diesmal Glück!
Nun bleibt dir keine Chance. Auf geht's, die Bahn zurück!"

Durch Dornen und Stoppeln
und Felder und Koppeln,
mit sausenden Socken
durch Rüben und Roggen,
mit fliegenden Zotten
durch Kohl und Karotten,
mit flinken Pantoffeln
durch Klee und Kartoffeln,
ein Laufen und Wetzen,
ein Schnaufen und Hetzen
und immer nicht eilig genug.

Am Ziel erschrak der Hase und wischt' sich Aug' und Ohr:
Da saß doch schon der Igel und grunzt': „Ick bün all dor!"
Nur Stacheln sah der Hase, die blickt' er ratlos an,
dabei ist ihm entgangen: Das war der Igelmann!
Der Has' konnt' nicht ertragen, dass man ihn überbot.
Er lief noch viele Male und hetzte sich zu Tod!

Durch Klee und Kartoffeln
mit flinken Pantoffeln,
durch Kohl und Karotten
mit fliegenden Zotten,
durch Rüben und Roggen
mit sausenden Socken,
durch Felder und Koppeln
und Dornen und Stoppeln,
ein Laufen und Wetzen,
ein Schnaufen und Hetzen,
zurück durch die Stoppeln
und Felder und Koppeln,
mit sausenden Socken
durch Rüben und Roggen,
mit fliegenden Zotten
durch Kohl und Karotten,
mit flinken Pantoffeln
durch Klee und Kartoffeln,
ein Laufen und Wetzen,
ein Schnaufen und Hetzen -
Pardauz! Jetzt hatt' er genug!

Die Igel aber lachten, gestreckt ins Sonnenbad:
„So geht's halt, wenn es einer nur in den Beinen hat.
Wer sich auf's kühle Köpfchen und heißen Tee versteht,
der weiß, wie er zum Ziele auf kurzem Wege geht!"

Lametta-Lamento

„Lametta, Lametta, Lametta!",
so bettelt die Lütte im Gitter.

Nun schüttet der lütten Melitta
doch bitte Lametta ins Gitter!

Denn ohne den Glitter im Gitter
da litte die Lütte so bitter,

so bitter, so bitter!

Weihnachtskugeln

Wenn die Mädel edle Kugeln
in die Tannenwedel fädeln
und sich in den Kugeln spiegeln,
die sie in die Wedel tüdeln,

rieseln von den Wedeln Nadeln
in die Schüsseln mit den Knödeln,
bis die Kugeln in die Nudeln
trudeln und auch die versudeln.

Weihnachten digital

Unter Weihnachtskugeln
plötzlich abzusegeln

und mit flinken Nägeln
digital zu googeln,

ist der Stil von Flegeln.
Wollt ihr euch nicht zügeln?

Sandtorte

Kaum stand das Kind am Strand,
nahm's Kind den Sand zur Hand,
geschwind verschwand ein Pfund
vom Sand dem Kind im Mund.

Rotrauds Mundraub

Ruth droht Rotraud,
die auf Brot kaut,

dass sie Rotraud
auf die Pfot' haut,

falls ihr Rotraud
wieder Brot klaut

und rät Rotraud:
„Kau doch Rotkraut!"

Wachsherz

Drei Kinder redeten sich heiß,
empfahlen mir „zum Superpreis"
ein Herz aus Knetwachs, in das klar
das Wörtchen „love" geknetet war.

Ich fragte nach dem deutschen Wort
für „love". Da drückten sie sofort
für „love" das Wörtchen „Liebe" ein.
Mit „Liebe" wurd' das Herzchen mein.

Retourkutsche

Als Barbaras Papa
Barbara in der Bar sah

und fragte, warum Barbara
in der Bar ohne BH war,

fragte Barbara, warum Papa
in der Bar ohne Mama war.

Filou

Der kleine Hund Filou
trat unter eine Kuh.
Ein Fladen platschte, puh!

Der kleine Hund Filou
verschwand in einem Schuh.
Da roch's nach Käse, puh!

Der kleine Hund Filou
hielt endlich Mittagsruh'.
Ein Donner krachte, puh!

Dem kleinen Hund Filou
gab ich ein Stück Ragout.
Seither sind wir per du.

Haumiblau

Die Lütte läuft mit schnellem Schritt
zur Apothekersfrau:
„Mein Bruder schickt mich her, ich bitt'
um zehn Gramm Haumiblau!"

Die Frau sagt: „Für den jungen Herrn
wär' Haumiblau gesund.
Schick ihn mal her, ich lang' ihm gern
zehn abgezählte Pfund!"

Hörer

Wenn die Hörer fairer wären,
würden sie sich nicht beschweren,
sondern ihren Lehrer ehren
und auf seine Lehren hören.

Würden Hörer ehrlich hören,
statt den Lehrer sehr zu stören,
könnten sie sich schwer erklären,
wie gelehrt sie plötzlich wären.

Schauerschule

Viele Schulsäle,
aber keine Seelenschule.
Schule ohne Seele!

Viele Schüler,
Scheusale auf Schuhsohlen,
aber keine Schülerseele!

Summ, summ, summ

Summ, summ, summ,
Bienchen, summ herum,
summ herum am Damm von Amrum,
immer um den Kamm vom Damm rum,
summ, summ, summ,
Bienchen, summ herum!

Ramm, ramm, ramm,
Lämmchen, stampf im Schlamm,
stampf im Schlamm am Damm von Amrum,
stampf an Amrums Damm im Schlamm rum,
ramm, ramm, ramm,
Lämmchen, stampf im Schlamm!

Summ, summ, summ,
Hummel, summ herum,
summ durch Primel, Mohn und Kümmel,
summ herum, du Pummelhummel,
summ, summ, summ,
Hummel, summ herum!

Sittenwächter

Die Polizei von Paraguay
ergreift den kleinen Papagei
und schreibt in die Kartei, er sei
verbot'nerweise nackedei.

Kaum kreischt der kleine Papagei,
er hätt' sein Federkleid dabei,
bescheinigt ihm die Polizei,
in dem Kleid sei er jugendfrei.

Ansporn

Dass du mit Stiefeln stampfst
und stumpf die Nase rümpfst,
dich stümperhaft verkrampfst
und uns verschnupft beschimpfst,

dumpf abdampfst und verstummst,
bewirkt, dass du versumpfst.
Trumpf auf, indem du kämpfst
und deine Zukunft stemmst!

Peitschenkreisel

Hei, wie sich im Farbenschmerz
der gepeitschte Kreisel windet,
seine Zehe bodenwärts
steif gerichtet! Wie es zündet,
wenn die Peitschenschnur ihn beißt
und, bevor er Ruhe findet,
wieder in den Wirbel reißt!

Glasmarmeln

Von dunklem Honig trunken
schlummert ein Marmelmond.
In seinem Bauch versunken
ein Volk von Blasen wohnt.

Zwei Eulenaugen schauen:
Ein grünes Brüderpaar,
aus Gletschereis gehauen,
so grün und kühl und klar.

Warm glimmt die Purpurkugel,
die Traube von Spinell.
Es wölben bunte Spiegel
sich übers Traumgeröll.

Schüttelreime

Schulangst

Manch Pauker macht die Kinderschule
zu einer echten Schinderkuhle.
Ob's Kind wohl froh vom Stuhle schaut,
wenn Angst sich in der Schule staut?

Durchhaltewille

Du darfst nicht unter Tränen zagen,
musst's mit verbiss'nen Zähnen tragen!

Spielsucht

Vor der Spielkonsole hocken
hohle Hirne, hohle Socken.

Traumblick

Wo wir blind durch Föhren geh'n,
sehen uns're Gören Feen.

Liebeserklärung

Im Spiele pflücken Kinder Rosen,
mit denen sie selbst Rinder kosen.

Jagdtrophäe

Musst Wanzen von den Wänden haschen
und sie dann von den Händen waschen.

Vertauschungen

Wenn Kinder Dreck auf Lätzchen machen
und über jedes Mätzchen lachen,
dann nennen sie die Kätzchen Spatzen
und umgekehrt die Spätzchen Katzen.

Kinderkätzchen

Ein armes Schinderkätzchen
floh und wurd' Kinderschätzchen,
ein süßes Schätzchen, Kinder!
Heut reut's den Kätzchenschinder!

Kinderfrage

Ob's Kind, das in der Krippe liegt,
ein Küsschen auf die Lippe kriegt?

Ökologische Stolpersteine

Picknick

An seinem Buckel zuckelt
sein Rucksack auf und ab,
um seine Knöchel hechelt
sein Dackel mit im Trab.

So wackeln sie zum Picknick
am Müggelsee hinaus,
da wickelt er den Bückel
auf Pumpernickel aus.

Sein Dackel jagt Karnickel.
Er räkelt sich im Gras
und hakelt die Mixpickles
aus seinem Gurkenglas.

Landschaft

Die Schlote pusten.
Die Kehlen husten.

Die Dämpfe beißen.
Die Lungen reißen.

Die Schwaden ziehen.
Die Krebse blühen.

Die Wiesen riechen.
Die Fohlen kriechen.

Die Siele hauchen.
Die Rohre schmauchen.

Die Laugen steigen.
Die Siechen zeugen.

Die Gifte schleichen.
Die Schwangeren laichen.

Gebrauchsanweisung

Aus Luft mach
Abluft.
Aus Wärme mach
Abwärme.
Aus Raum mach
Abraum.

Aus Fluss mach
Abfluss.
Aus Wasser mach
Abwasser.
Aus Schaum mach
Abschaum.

Aus Grund mach
Abgrund.
Aus Sterben mach
Absterben.
Aus Leben mach
Ableben.

Chefsache

Ölvorstände
verantworten
Ölrückstände.

Chemievorstände
verantworten
Chemierückstände.

Pharmavorstände
verantworten
Pharmarückstände.

Hüttenvorstände
verantworten
Hüttenrückstände.

Rückständige Vorstände
verantworten
vorstehende Rückstände.

Hole Aale!

Mach dich auf die Sohle, Ole,
und mach richtig Kohle, Ole!
Hole Aale, alter Ole!
Hole Aale von der Mole!

Aber hole niemals Aale
aus dem Pfuhle vor der Mole.
Denn im Pfuhle vor der Mole
suhl'n die Aale sich im Öle,

und ich zahle nichts für Aale
aus dem Öle vor der Mole!
Mach dich auf die Sohle, Ole,
und mach richtig Kohle, Ole,

richtig Kohle, richtig Kohle!

Verfahrenes Verfahren

Während die Vorfahren
fortwährend
mit dem Pferd fuhren,

wie die Vorfahren der Vorfahren
fortwährend
mit dem Pferd gefahren waren,

fahren die Nachfahren der Vorfahren
in einem fort
mit dem Ford,

bis die Nachfahren der Nachfahren
immerfort fortfahren,
mit dem Pferd zu fahren.

Makaken

Wenn sich Makaken
in kleinen Cliquen
zu Pelze rücken

und dicke Zecken
vom Nacken pflücken,
um sie zu knacken,

kannst du mit Schrecken
in den Makaken
dich selbst entdecken.

Dackel und Bückel

Kaum hat sich der Dackel
den Bückel geschnappt,
beim Knabbern den Bückel
am Wickel gehabt

und nuckelnd die Stückel
vom Bückel zerknackt,
da nippt er am Bückel
mit Wackelkontakt.

Robbenschläger

Das Robbenbaby guckte lieb,
da landete der erste Hieb.
Sein Näschen war ganz breit und rot,
beim nächsten Keulenschlag war's tot,
das klare Wasser wurde trüb'.

Der Schläger brach im Eise ein,
denn sein IQ war äußerst klein.
Doch sein spezifisches Gewicht
war hoch – das Wasser trug ihn nicht.
Vom Nordlicht kam der Totenschein.

Hasenspaß

Na, wer fräß'
wohl das Gras
auf der Wies',
fräß' das Gras
auf der Wies'
nicht der Has'?

Worauf säß'
wohl der Has'
auf der Wies',
wenn der Has'
sein Gesäß
mal vergäß?

Wär's nicht krass,
wenn der Has'
durch's Gebläs'
im Gesäß
all sein Gas
mal entließ'?

Röch' das Gras
dann nach Käs'
oder Aas?
Hätt' der Has'
an dem Fraß
dann noch Spaß?

Nein, Kätzchen, nein!

Du sitzt vor der Tür
und schaust so herein,
als wäre mein Herz
aus Eisen und Stein.
    Du darfst nicht herein,
    nein, Kätzchen, nein!

Du blickst mich so an
mit Augen voll Pein,
als ließ' ich dich nicht
zum Himmel herein.
    Du darfst nicht herein,
    nein, Kätzchen, nein!

Du harrst mit Geduld
brav Bein neben Bein,
als dürft' ich mir nie
die Härte verzeih'n.
    Du darfst nicht herein,
    nein, Kätzchen, nein!

Du schaust immerfort
zur Türe herein
und weißt ganz genau:
so kriegst du mich klein.
    Zum letzten Male:
    Nun komm schon herein!

Das Kitz von Zitzewitz

Der Spitz von Frau von Zitzewitz
stieß auf ein klitzekleines Kitz.
Die Gräfin zog es auf mit Witz
und schenkte ihm den Waldbesitz.

Ein stolzer Platzhirsch wurd' das Kitz,
vom Stamm derer von Zitzewitz.
Der Jäger zieht vor ihm die Mütz'
und spricht zum Spitz ein scharfes „Sitz!"

Arche Noah

Noah rief, und alle Tierchen
horchten mit gespitzten Öhrchen.
Und schon krochen sie als Pärchen
durch die engen Arche-Türchen:
        Löwenpärchen, Möwenpärchen,
        Mäusepärchen, Läusepärchen,
        Ziegenpärchen, Fliegenpärchen,
        Lerchenpärchen, Storchenpärchen.

Als die Flut stieg, schwamm die Arche,
Wasser drang durch keine Furche.
Doch bald klagten alle Pärchen:
„Hör jetzt auf uns einzupferchen:
        Löwenpärchen, Möwenpärchen,
        Mäusepärchen, Läusepärchen,
        Ziegenpärchen, Fliegenpärchen,
        Lerchenpärchen, Storchenpärchen!"

Noah sprach: „Macht uns're Arche
durch Gesang vom Pferch zur Kirche!".
Und bald sangen alle Tierchen
für den Herrn mit ihrem Herrchen:
        Löwenpärchen, Möwenpärchen,
        Mäusepärchen, Läusepärchen,
        Ziegenpärchen, Fliegenpärchen,
        Lerchenpärchen, Storchenpärchen.

Als die Flut fiel, fand die Arche
Halt in einer Bergesfurche,
und schon sprangen alle Tierchen
wohlbehalten durch die Türchen:
Löwenpärchen, Möwenpärchen,
Mäusepärchen, Läusepärchen,
Ziegenpärchen, Fliegenpärchen,
Lerchenpärchen, Storchenpärchen

und ein neugebor'nes Bärchen!

Das Mädchen und der Wegerich

Ich beugte mich
zum Wegerich.
Da merkte ich:
Sein Staub entwich.

Der Wegerich
bestäubte mich,
als wär' auch ich
ein Wegerich,

und mich beschlich
die Freud', dass ich
dem Wegerich
ein wenig glich.

Pfauenpracht

Kaum trägt der Pfau in grün und blau
sein aufgespreiztes Rad zur Schau,
bestaunt ihn jede Pfauenfrau.

Der Maulwurf taucht aus seinem Bau
und raunt aus off'nem Munde:
„Wow!"

Schöpferwille

„Schau her – ich hab das Viech zu fassen!"
„Bitt' dich, die Wespe freizulassen,
auch sie tut nur den Schöpferwillen,
hat ihre Sache zu erfüllen."
„Wohl die, von meinem Saft zu zechen?"
„Nein, dir ins Hinterteil zu stechen!"

Gewissensfrage

Der Tausendsassa unsrer Zeit
tritt Tausendfüßler achtlos breit.
Kannst du ein Tausendherzler sein,
dich auch am kleinsten Tier erfreu'n?

Eulenfreuden

Eulenmännchen, du musst heulen,
soll dein Weibchen zu dir eilen!
Lasst mich eure Freude teilen,
wenn neun kleine Eulen heulen!

Umluft

So langsam wird es höchste Zeit,
dass ich einmal verschnauf'!
Weil es hier keine Fenster gibt,
macht sie auch keiner auf.

Die Umluft gibt die Abluft ab,
nimmt dafür Zuluft auf,
die Zuluft, die schon Abluft ist
vom ersten Luftumlauf.

So kommt mit jedem Luftumlauf
noch Stickluft obendrauf.
Gibt's noch ein bisschen Atemluft
bei euch im Ausverkauf?

Der Köter

Der Köter heißt so, weil sein Kot
ihn ständig zu verlassen droht.
Dagegen ist dies Risiko
nicht typisch für den Katzenpo.

Der Köter steigt nicht auf den Baum,
die Erde ist sein Wirkungsraum,
und wenn was auf den Teppich fällt,
ist's, weil er den für Erde hält.

Verständigung

Lauschst du in Ruh
dem „Muh" der Kuh,
hörst du im „Muh"
der Kuh das „Du".

Sprichst du in Ruh
der Kuh gut zu,
dann nimmt die Kuh
dein „Du" fürs „Muh".

Anwalt der Umwelt

Sei Anwalt
der Umwelt,
    der Stand hält
    als Schutzschild
    für Feld, Wald
    und Tierwelt!

Sei Anwalt
der Umwelt,
    der trommelt,
    wenn Einfalt
    die Vielfalt
    verstümmelt!

Sei Anwalt
der Umwelt,
    der handelt,
    wenn's Umfeld
    die Umwelt
    verschandelt!

Sei Anwalt
der Umwelt,
    der Wacht hält
    im Schlachtfeld
    von Geldkult
    und Machtwelt!

Sei Anwalt
der Umwelt,
    dem einfällt,
    was vorhält,
    wenn's Ölfeld
    bald ausfällt!

Sei Anwalt
der Mitwelt,
    der Kurs hält.
    Rück Drittwelt
    und Nachwelt
    ins Blickfeld!

Hundeerziehung

Hätten Hirtenhunde
hübsche Hundehütten,
würden Hirtenhunde
nicht die Herden hüten.

Rast

Verdiente Ruh!
Nun lös die Schuh!
Ein trautes Muh
haucht Wind dir zu.

Schau auf zum Blau,
lausch hin zur Saat,
der Frucht vertrau!
Der Sommer naht.

Abend

Wo mit dunklem Blau der späte
Abend alle Blüten tönt,
und sich nur ein Hauch von Röte
schwindend hinterm Walde dehnt,

jagen sich mit leichter Schwinge
taumelfroh beim Liebesspiel
noch die letzten Schmetterlinge.
Sputet euch, es wird schon kühl!

Königin

Königin vom Weiherfleckchen,
funkelst hier, funkelst da, ·
Schwester vom Mikadostöckchen,
funkelst fern und funkelst nah,
krieg' ich dich zu fassen?

Tänzerin der Entengrütze,
welches Licht, welches Sprüh'n!
Künstlerin der Flügelblitze,
funkelst silbern, blau und grün,
krieg' ich dich zu fassen?

Freiin von den Wasserspiegeln,
funkelst hier, funkelst da,
Jägerin mit Augenkugeln,
funkelst fern und funkelst nah,
krieg' ich dich zu fassen?

Gauklerin des Sonnenscheines,
welches Licht, welches Sprüh'n!
Elfenbraut des Binsenhaines,
funkelst silbern, blau und grün,
krieg' ich dich zu fassen?

Fee mit bunt besticktem Leibchen,
funkelst hier, funkelst da,
nymphenhaftes Flitterweibchen,
funkelst fern und funkelst nah,
muss dich funkeln lassen!

Berliner Flöhe

Die Joppe juckt, die Jacke juckt,
det tut mir jar nich jut,
seit Juni, Juli fraj ick mir,
wat man dajejen tut.

Schüttelreime

Hasennarr

Es war einmal ein Hasennarr,
der schnitt dem Tier das Nasenhaar.
Sobald er auf dem Rasen war,
war'n Hasen auf dem Wasen rar.

Zeitzünder

Verschuldet ihr den kranken Bach,
trifft euch zu Recht der Bankenkrach.

Tierliebe

Sobald sich kleine Hasen regen,
sollt' man sie auf dem Rasen hegen.

Irrtum

Glaub nicht, dass sich die Nasenbären
von Säuren oder Basen nähren.

Heide-Idyll

Grad, als er auf dem Walle steht,
wo Jaucheduft vom Stalle weht,
verspürt der dicke Heidebauer
im Steiß des Keilers beide Hauer.

Grüne Konspiration

Ich würde gern den Hirschen petzen,
wo Jäger sie beim Pirschen hetzen.

Trügerische Ruhe

Lass niemals deinen Pudel rennen,
wo Wölfe nachts im Rudel pennen.

Der Cuisinier vom Vogel-Buffet

Als wir noch vor den Näpfen schnacken–
hier Wachtelbrust, dort Schnepfennacken –
fragt er mich, was ich speisen möchte:
„Rotkehlchen, Drosseln, Meisen, Spechte?
Da wären auch noch Fink und Star!"
Ich sag' ihm trocken: „Stink und fahr!"

Verlauste Mäuse

Wieso ich über Läuse mecker'?
Die Läuse finden Mäuse lecker,
und leise wächst die Läusemenge
genauso wie die Mäuselänge.

Wie scheußlich, was die Läuse machen!
Ich weiß nicht, ob die Mäuse lachen.
Die Läuse sind ein Mäuseleiden.
Die Mäuse sollten Läuse meiden!

Nahrungskette

Ich glaub, die Hunde fressen Katzen,
vor allem die mit kessen Fratzen.

Vogelzug

Die Vögel ziehen himmelweit –
welch fröhliches Gewimmel heut',
wenn all die kleinen Wonneseelen
den Weg zur Abendsonne wählen!

Touristische
Stolpersteine

Macumba

Macumba,
Macumba,
Macumbá,
Macumba.
Macumba,
Lumumba,
die Combo
kann Rumba!

Macumba,
Macumba,
Macumbá,
Macumba.
Macumba,
Lumumba,
die Combo
kann Samba!

Macumba,
Macumba,
Macumbá,
Macumba.
Macumba,
Lumumba,
komm, klimper
Marimba!

Macumba,
Macumba,
Macumbá,
Macumba.
Macumba,
Lumumba,
da kommt
eine Mamba!

Mamba?
Mamba?
Mamba?
Caramba!

Safari

Wer mit dem Ziel
zum Nil fährt,
zu zielen
auf das Nilpferd,

sich auf dem Nil
dem Ziel näh'rt
und kühl
das Magazin leert,

legt auf Gefühl
nicht viel Wert!

Nord-Süd-Dialog

(Hamburger Platt und
Bayerisch im Wechsel)

„Höi, Schutzmann,
wie kümmt man
as Bootsmann
op'n Watzmann?"

„Ois Bootsmo
do nehmen'S amoi
d' Seilbo
auf'n Watzmo!"

„Wat süht man
in de Sielbohn
von'n Watzmann,
Herr Schutzmann?"

„Dös kimmt do
oiwei
auf'n Platz o,
liaba Mo."

„Na, kann man
ut de Sielbohn
nich rutfall'n,
Herr Schutzmann?"

„Bei de Seilbo
auf'n Watzmo
is a Seil dro,
liaba Mo."

„Und wenn dann
bi de Sielbohn
dat Siel rit,
nu, wat dann?"

„Ja, mei,
kracht's Seil do,
is ma schlecht dro,
liaba Mo!"

„Nee, Schutzmann,
dann loot man!"

Reisepech

Über'n Titicacasee
- cacasee
- cacasee
schallt des Kakadus Gekräh',
Kakadu am Titicacasee.

Und am Niagarafall
- garafall
- garafall
schlägt der Kakadu Krawall,
Kakadu am Niagarafall.

Auch in Oberammergau
- ammergau
- ammergau
macht der Kakadu Radau,
Kakadu in Oberammergau.

Doch am Loreleygestein
- leygestein
- leygestein
bricht der Kakadu sein Bein,
Kakadu am Loreleygestein.

Reisewarnung

Bei dem alten Lappenschuppen,
wo die Lappen Schoppen kippen
und für ein paar Robbenhappen
hübsche Lappenpuppen strippen,

bis sich ganze Lappensippen
mit den Rippen von den Robben
um die hübschen Puppen kloppen,
sollst du nie den Schlitten stoppen!

Dünenmusik

Wenn in Fünens
grünen Dünen
all die schönen
blonden Bienen

jenen dunen
Dänen dienen,
die in Fünens
Dünen wohnen,

hört man Fünens
kühnste Hünen
in den schönsten
Tönen stöhnen.

Franks Wandschrank

Dass Frank sich krank trank,
dank Korn im Wandschrank
und noch vor Landgang
lang auf die Bank sank,

war erst der Anfang
und fand kaum Anklang.
Doch an Franks Wandschrank
herrscht nun viel Andrang.

Freiherr von Kösel

Freiherr von Kösel
trank einen Mosel
in seinem Diesel,

da schoss sein Diesel
in die Pompesel
beim See von Süsel.

„Mensch, hab' ich Dusel",
rief Herr von Kösel
in seinem Diesel,

„Ohne Pompesel
säße ich Esel
im See von Süsel!".

Und Herr von Kösel
trank einen Mosel
auf die Pompesel.

Der Tapas-Star

Beim ersten Bissen war schon klar:
Der Küchenchef der Tapas-Bar
war nicht grad ein Drei-Sterne-Star.

Er legte mit Palaver dar,
sein Calamar sei gut und gar,
obwohl der ein Kadaver war.

Von seinem rabenschwarzen Haar
und seinem Atemwegskatarrh
fand sich manch Spur im Loup de mar.

Er machte aus Chow Chow „Tartar",
servierte Krähe als „Canard"
und nannte Froschlaich „Kaviar".

Sittensener Sitten

Sittensen wär' unbestritten
eine Stätte guter Sitten,
tummelten sich nicht die fetten
Sittensener in den Betten,

flatterten nicht aus kaputten
Sittensener Matten Motten,
trotteten nicht Ratten mitten
durch die Sittensener Hütten,

ja, verrotteten nicht Quitten
in den Sittensener Pötten!
Sittensener, lasst euch bitten:
Stoppt die Sittensener Sitten!

Das Ottensener Rennen

Wenn beim Ottensener Rennen
um den Ottensener Brunnen
all die Ottensenerinnen
auf der Innenbahn beginnen,

können and're Sprinterinnen
– wie die Sittensenerinnen
oder Vögelsenerinnen
oder Putensenerinnen –

auch, wenn sie schon ganz von Sinnen
mit den Ottensenerinnen
Runden um den Brunnen rennen,
dieses Rennen nie gewinnen!

Die bayrischen Farben

Blau-weiß liebt's der Bayer
bei der Heimatfeier:
Wird dem Bayern heißer,
schäumt sein Bier noch weißer,
und er wird auf Dauer
dadurch selbst noch blauer.

Selbst ist der Bayer

Ist Brot zu teuer,
dann wird der Bayer
selbst Bio-Bauer.

Ist Bier zu teuer,
dann wird der Bayer
selbst Bio-Brauer.

Ist's Bad zu teuer,
dann nimmt der Bayer
den Regenschauer.

Ist Rat zu teuer,
dann wird der Bayer
selbst Oberschlauer.

Nationalgetränk

Was dem Bayern der Berg,
ist dem Friesen die See.
Was dem Bayern sein Bier,
ist dem Friesen sein Tee.

Erinnerung

Wenn sich Gumbinnenerinnen
der Kindheit entsinnen,
weil die Gumbinnener Weisen
im Innern ertönen,

kommen den alten Gumbinnenerinnen
die Tränen,
bis sie sich langsam
dem brennenden Sehnen entwöhnen.

Neufundland

Als man in Neufundland
einen neuen Hund fand,
den man nach Neufundland
den Neufundlandhund nannt',
nannte man Neufundland
schlicht Neufundlandhundland.

Pauschalreise

Tropenlandschaft: Papagei.
Strandbekanntschaft: Letzter Schrei.
Sofafreundschaft: Oben frei.
Bettgemeinschaft: Nichts dabei!
Zufallskindschaft: Afro-Thai.
Großverwandtschaft: Im Stand-by.

Auf Achse

Grenzt die Präsenz
von Hans und Franz
und Hinz und Kunz

und ander'n Fans
von Mega-Trends
bei Großevents

wie „Tag des Kinds"
und „Tag des Hunds"
und „Show der Bands"

in Linz und Binz
und Cranz und Banz
schon an Demenz?

Dämmerung in Griechenland

In heißem Jubel rollte sie zu Tal
und schleuderte ihr Feuer durch die Räume,
hellgrünes Laub durchschlug es tausendmal,
vom Glüh`n der Blätter brannten alle Bäume.

Die Abendsonne liebte dieses Land,
ließ es aus Strahlenarmen sehnend gleiten,
mit dunklen, samt'nen Fingern griff die Hand
der Nacht schon nach den Tälern, Hügeln, Weiten –

herauf zu mir. Getragen schwand die Glut,
um noch in fernen Wolken zu verweilen
und im Verlöschen mit der Schattenflut
und ersten Sternen sich ihr Land zu teilen.

Schüttelreime

Schlechte Karten

Der Depp folgt falschen Wanderkarten,
verläuft er sich, dann kann der warten…

Tadel

Leute, die nicht tüchtig radeln,
sollt' man einmal richtig tadeln.

Mahlzeit!

Mir stinkt der janze Kabeljau,
den ick von meene Jabel kau.

Heideausflug

Der Kutscher fährt zum Hünengrab,
wo ich viel Freud' am Grünen hab',
und dann bemerkt der Kutscher laut,
währ'nd er auf seinem Lutscher kaut:
„Was raschelt da im Nebenloch?
Ich glaub', die Leute leben noch!"

Koch und Kellner

Dem Koch fehlt das verbürgte Wissen.
Was folgt? Herabgewürgte Bissen!
Der Kellner höhnt mit Spöttergeist,
dass man hier wie die Götter speist.

Ehrliches Rügen

Muss dich als Lügner rügen,
sagst du, dass Rüg'ner lügen,
und gibt's auch Lügnerriegen,
kann's kaum am Rüg'ner liegen.

Pilgerschaft

Wir pilgern gern, um Rom zu danken,
Gedanken um den Dom zu ranken.

Sternenhimmel

Wie ich im Dunkeln gerne steh',
wenn ich den Glanz der Sterne seh'!
Wie sich die Nacht mit Sternen füllt,
die Sehnsucht nach dem Fernen stillt!

Teufels Navi   (Gesammelte Gemeinheiten)

Vorwarnung

Lasst euch nur nicht vom Teufel zwicken!
Sein Navi hat im Zweifel Tücken.
Ich muss zumindest leise rügen:
Es ist gespickt mit Reiselügen!

Alpen

Wer in den Alpen Ski fährt
und sich dabei ums Vieh schert,
klar, dass der keine Ruh' kennt,
wenn vor ihm eine Kuh rennt.

Bahrenfeld

Sobald der Hund beim Fahren bellt,
erreicht die Stadtbahn Bahrenfeld.
Er könnt' ein böses Zeichen wittern,
wenn dort die alten Weichen zittern.

Bebra

Der Zirkuschef aus Bebra zockt
solange, bis sein Zebra bockt.

Berlin und Wien

Berliner Schnauze
poltert auf Berliner Weise,
den Wiener Schmäh
verzapft der Wiener leise.

Bielefeld

Erst wird der Hund in Biel verkannt
und in den Zoo von Kiel verbannt,
bis er vorm Knast von Bielefeld
als Hütehund für viele bellt.

Hessen

Fast nie entkommt der Hesse Frauen,
die Männern auf die Fresse hauen.

Hiddensee

Was sind denn das für Sitten, he,
am Badestrand von Hiddensee?

Höxter

Vor Schund muss sich der Texter hüten,
sonst klebt er bald in Höxter Tüten.

Husum

In Husum fehlen Landungsbrücken.
Man landet dort in Brandungslücken.

Kampen

Kommt doch nach Sylt der Sonne wegen!
Genießt den heißen Wonnesegen!
Ihr hört die Leut' in Kampen witzeln:
„Soll'n wir euch mal die Wampen kitzeln?"

Kappeln

Ob Penner, die in Kappeln pennen,
bald alle Pennerpappeln kennen?
Sie kabbeln sich um Kennerpappeln,
um die sich alle Penner kabbeln.

Köln

Die Kölner Narr'n verschrecken jeden –
so närrisch wie die Jecken reden.

Lüdenscheid

Kennst du den Charme von Lüdenscheid?
Sonst tust du mir entschieden leid!

Mainz

Die Mainzer Jecken füllen Hallen.
Sie jauchzen, wenn die Hüllen fallen.

Minden

Bewohner der Stadt Minden wissen,
dass sie manch Schreck verwinden müssen.

Wattenscheid

Das Biwak wirft den Schatten weit
beim Karneval von Wattenscheid.

Westerland

Der arme Strand am Sylter Meer –
zur Hauptsaison vermüllt er sehr!
Schreibt das, was stinkt in Westerland,
an die Graffiti-Lästerwand!

Europäische
Stolpersteine

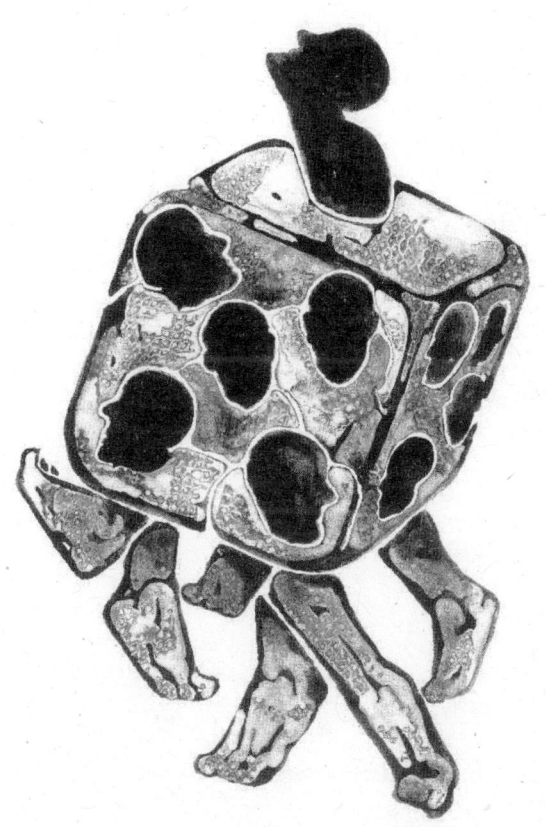

Moto Guzzi

Gas, Moto Guzzi,
das war Palermo!
Gas, Moto Guzzi,
auf nach Salerno!

Cento quaranta,
das war Cosenza.
Cento cinquanta,
das war Potenza!

Gas, Moto Guzzi,
durch die Abruzzen,
Tivoli, Roma,
Ostia verputzen!

Cento sessanta,
das war Pescara,
cento settanta,
was, schon Carrara?

Gas, Moto Guzzi,
Vollgas auf Nizza,
und auf der Piazza
Chianti und Pizza!

Global Player

Hey, how are you today?
You are a global player anyway.
How is your global play?

I want to ask if I may:
What are you playing for all the day?
Who are you playing for all the day?

Would you kindly say by the way:
What are you playing with all the day?
Who are you playing with all the day?

You play your global play, ok.
But at the end of the day,
who is going to pay?

Pretty Kate

When I'd paid
pretty Kate
a fair rate
for the date,

pretty Kate
said: "I hate
that you paid
for the date.

I'm your mate
and a mate
can't be paid
for a date!"

So I said:
"Pretty Kate,
if you hate
that I paid

for the date,
pay me back
at the gate
what I paid."

"I'm afraid",
answered Kate,
"that's too late!
No debate!"

Man

Man is a big mole,
digs hole after hole
for oil, gold and coal.

Man is a big mole.
How bold is his goal!
How poor is his role!

Man is a big mole,
digs hole after hole
in his own soul.

Charity

Don't many global players
live from the local payers?

What do the global players
say to the local payers?

"We include you in our prayers!"

Sub Prime

I would not pay a dime
for what you call "sub prime",
since that is not a bit
distinguished from pure shit.

Investors play that game –
they'll all end up the same
"sub-heaven" when they sell,
in other words, it's hell!

La Réunion Bonbon

Les informations:
Le Baron Dindon,
Président-directeur général
de'l Association Bonbon d'Avignon,

en s'adressant
aux participants d'une séance
de la Fédération
des Associations Bonbon de France

a fait mention
de la bonne tradition des parents
d'enchanter leurs enfants
à moyen de bonbons.

Le lendemain,
le Baron Dindon,
patron d'une importante manufacture de bonbon,
montant sur le balcon de la mairie d'Avignon

en présence de cinq représentants
de l'administration du département
et d'environs cinq cents habitants
de la région d'Avignon,

a présenté
un grand carton
de cinq cent cinquante cinq bonbons
à sa maman.

Néanmoins, des concurrants
du Baron Dindon
se sont moqué du parfum
des bonbons de sa production

en nominant le baron
"Président-directeur général
de l'Association Mondiale
de Parfum de Cochon."

Sartre

Si l'on demanderait à Sartre
s'il préférerait être
prêtre de Chartres
où prêtre de Montmatre,

il répondrait peut-être
qu'il préfererait être
maître de lettres
sinon maître de l'être.

Auf dem Rüetli

Was macht dr Schwiezer
uf'm Rüetli?
Er schwört.
Was schwört dr Schwiezer
uf'm Rüetli?
Er schwört
ufs Schwiezer Müesli.

Wer trifft dr Schwiezer
uf'm Rüetli?
Dr Grizzly.
Was macht dr Schwiezer,
wo trifft dr Grizzly?
Er zieht's Hüetli
und sait: „Grüetzi!"

Was macht dr Grizzly,
wo sieht dr Schwiezer?
Er häbbts Tatzli.
Und dr Schwiezer?
Was wird us'm Schwiezer?
Schwiezer Müesli.

Notverpflegung (Österreich)

Gemischter Blattsalatteller
mit hausgebeizter Lachsrose,
Sauerrahmgitter und Jourgebäck,

hausmacher Kräuternudelteigtascherl
mit Waldpilzfüllung
an Jungzwiebel-Thymianschmelze,

Straußenmedaillons, saftig gegrillt
auf Kirschtomaten-Zuckerschotenragout
mit Kräuterkressereis,

Schweinerückensteak zart gegrillt
auf Morchel-Schwammerlragout
mit Erdäpfelgemüseroulade,

Variationen vom Blauschimmelkäse
mit Butter
Nussbrot und Weintrauben,

Crême brulée
mit karamellisierten Veilchenblüten
und Rumweichseln.

Weihnachtsgans

Die Gans aus Danzig
war gänzlich ranzig,

dann wurd' die Danziger
Gans immer ranziger,

am Vierundzwanzigsten
war sie am ranzigsten.

Die dänische Frage

Auf bequemen
Lehnen gähnen
träge Dänen.
Können Dänen
sich das Gähnen
abgewöhnen?

Müssen Dänen
sich nicht schämen,
so zu gähnen,
dass die Sehnen
sich beim Gähnen
überdehnen?

Liegt das Gähnen
bei den Dänen
an den Zähnen?
Nein! Bei denen
steckt das Gähnen
in den Genen.

Brüsseler Spitzen

Es gibt auch Brüss'ler Spitzen,
die man am besten stoppt,
die sind nicht nur geklöppelt,
die sind sogar bekloppt.

Bundeslied

Habt ihr euch mit Neid verschlossen?
Ist daraus nicht Leid entsprossen?
Streit bringt uns nicht weit, Genossen!
Wie schnell sind die Leut' verdrossen
und dann wird im Streit geschossen.

Seid vor Zwist gefeit, Genossen,
und zur Einigkeit entschlossen!
Schnell ist Lebenszeit verflossen.
Habt ihr heut schon Freud' genossen?
Werdet mit uns Eidgenossen!

Flamen und Wallonen

Kein Flame spricht wallonisch,
doch wenn, dann nur ironisch,

und kein Wallone flämisch.
doch wenn, dann höchstens hämisch.

Schüttelreime

Viele Köche

Wer ahnt noch,
wenn wir mal nach Brüssel schauen,
welch Cocktail die
dort in der Schüssel brauen?

Wer sollte dort
noch die Gerüche kennen,
wo tausend Köche
durch die Küche rennen.

Kein Koch
zeigt für's Herumgesotte Reue,
man kocht uns ein
wie eine Rotte Säue.

Subventionen

Bestelle deine Felder gern,
sonst rücken Erntegelder fern.

Heilserwartung

Ein Spruchband sich über die Länder spannt.
„Wir bauen auf Deutschland als Spenderland!"

Erotische
Stolpersteine

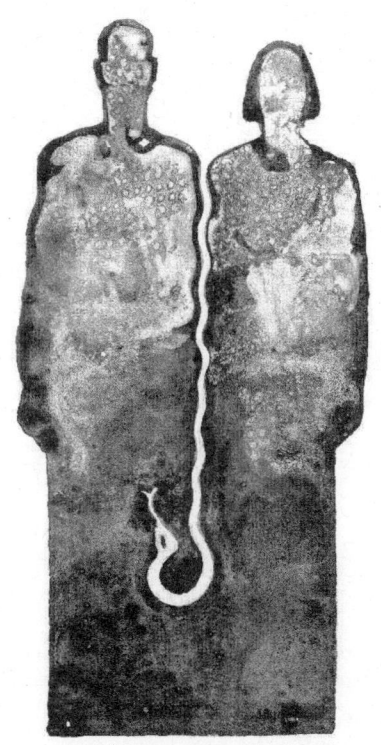

Haftungsausschluss

Oft nehmen Macho und Xanthippe
sich gegenseitig auf die Schippe.
Kann man solch Tobak nicht vertragen,
sollt' man's Kapitel überschlagen.
Ich habe weder Lust noch Nerven,
den Text zur Bravheit zu entschärfen,
und sollt' ich auch Kritik entfachen
und hör'n: „Da gibt es nichts zu lachen!"
So schräg, wie viele Sachen liegen,
kann man doch nur durchs Lachen siegen!

Hummerkummer

Der Büsumer Hummer Tim
und der Amrumer Hummer Tom,
die waren einander gram,
weil der Hummermann Tom dem Tim
und der Hummermann Tim dem Tom
die Hummerfrau Emma nahm.

Warum nur der Jammer?
Warum nur der Kummer?
Warum denn nur immer
der Jammer und Kummer
um Hummerfrau Emma, warum?

War Hummerfrau Emma bei Tom,
dann lungerte Hummermann Tim
voll Jammer um Amrum herum.
War Hummerfrau Emma bei Tim,
dann lungerte Hummermann Tom
voll Kummer um Büsum herum.

Warum nur der Jammer?
Warum nur der Kummer?
Warum denn nur immer
der Jammer und Kummer
um Hummerfrau Emma, warum?

Der 3D-Hacker

Ein Hacker hat sich abgerackert
und mich bei facebook angebaggert,
ich wär' die Hübscheste der Hübschen,
er würd' gern – online – nach mir grabschen.

Ich mailte ihm, von allen Spammern
würd' keiner mich wie er belämmern,
da griff mir doch – ganz unverklemmt –
mein 3D-Drucker unter's Hemd.

Analytische Perspektiven

Meine liebe Anneliese,
spar dir deine Analyse,
dass ich dächte, glaubte, wüsste,
hätte, könnte, sollte, müsste!
Denn für meine Analyse,
meine liebste Anneliese,
reichen deine süßen Brüste.

Fast Food

„Baby, was gibt's?"

„Erbsen mit Klops,
Popcorn mit Chips,
Pepsi mit Drops,
Labskaus mit Schnaps!"

„Hoppla, ich hab's:
Baby mit Straps!"

„Bob, bei dir piept's!"

Ruf mich ruhig an

Ruf mich ruhig an bei Nacht,
du störst mich nie,
um ein Uhr dreißig
oder vier Uhr früh.

Denn träum' ich schlecht,
bringt mir der Schlaf Verdruss,
dein Anruf aber
süßen Lauschgenuss.

Doch träum' ich gut,
kann es von dir nur sein,
ich tausch' den Traum
gern für dich selber ein.

Ruf mich ruhig an bei Nacht,
du störst mich nie,
um null Uhr zwanzig
oder fünf Uhr früh.

Bist du vom Mondlicht
leise aufgewacht,
ruf an, hab' sowieso
an dich gedacht.

Hat dich ein Alptraum
aus dem Schlaf gescheucht,
auch dann ruf an,
geteiltes Leid wird leicht.

Ruf mich ruhig an bei Nacht,
du störst mich nie,
für dich gibt's kein „zu spät",
für dich gibt's kein „zu früh!"

Eheklippen

In der gesitteten Ehe
gestattet die Gattin entblättert
dem Gatten im Bett die Begattung.

In der zerrütteten Ehe
beschattet die Gattin verbittert
den Gatten mit nackter Begleitung.

In der gekitteten Ehe
erbittet der Gatte vergattert
Gestattung erneuter Begattung.

In der geretteten Ehe
begattet der Gatte zerknittert
die Gattin am Rand der Ermattung.

In der ermatteten Ehe
verspotten die Gatten verlottert
im Bett ihren Grad der Verfettung.

Die Boogietänzerin

Wie die den Boogie tanzte
im Folies Pigalle,
mit Hartmetall
unter prasselndem Absatz

die Kacheln stanzte
und ihr Becken skandiert
vor und zurückschmiss,
als ob jemand an ihr riss!

Kinder! Wie die
aus voller Brust
die Brüste
sich um die Brust trieb

und dann abrupt
den Steiß kappte,
dass sie stand, voilà!
– und es noch einmal schwappte.

Handel und Wandel

Abends traf Adebar
an der Bar Barbara.
Adebar sah ganz nah
Barbaras schwarzes Haar.

„Oh, là, là! Barbara!"
„Sei mein Schah, Adebar!"
„Sei mein Star, Barbara!"
„Zwölf Dinar, Adebar."

„Acht Dinar, Barbara."
„Elf Dinar, Adebar."
„Neun Dinar, Barbara."
„Zehn Dinar, Adebar."

„Das geht klar, Barbara."
„Aber bar, Adebar!"
„Hab nichts da, Barbara."
„Alter Narr!"

Eheverhör

Ich hab' eine Frage, Andy!
Gestern klingelte dein Handy,
und da meldete sich Cindy.

Aber Cindy sprach nur Hindi,
ich verstand nur Rawalpindi.
Sag mal Andy, wer ist Cindy?

Und ich fand auf deinem Handy
auch ein Selfie von der Cindy,
darin hebt sie ein Glas Brandy.

Schließlich singt sie einen Shanty
ohne Pants und ohne Panty
und stöhnt: „Andy, Andy, Andy!"

Diese dreiste Tour, ich kenn die!
Vielleicht jobbt ja deine Cindy
in der Bar „Mahatma Gandhi!"

Andy, was hast du mit Cindy?

Liebchen und Bübchen

So gemein
kannst du sein,
so gemein,
Engelein.

Bin ich lustig,
bist du frostig,
bin ich witzig,
bist du patzig.
Sag ich „Händchen!",
sagst du „Männchen!",
sag ich „Liebchen!",
sagst du „Bübchen!"

So gemein
kannst du sein,
so gemein,
Engelein.

Bin ich drollig,
bist du grollig,
bin ich häuslich,
sagst du „scheußlich!"
Statt „mein Schöner!"
sagst du „Kleener!",
und statt „Süßer!"
sagst du „Spießer!"

So gemein
kannst du sein,
so gemein,
Engelein.

Sag ich „Küss mich!",
sagst du „Lass mich!",
sag ich „Nimm mich!",
guckst du grimmig.
Sag ich „Täubchen!",
sagst du „Knäbchen!",
sag ich „Nymphchen!",
sagst du „Stümpfchen!"

So gemein
kannst du sein,
so gemein,
Engelein!
Soll ich dir noch mal verzeih'n?

Gaby und Bobby

Als Gaby Popp im Copyshop
dem Möpschen Bobby Häppchen gab,
da schnappte Bobby Gabys Top
und tobte mit dem Lappen ab.

„Stopp", rief der Boss vom Copyshop,
„Frau Popp, wir sind kein Stripperclub!",
und Gaby Popp trieb im Galopp
nonstop Mops Bobby durch den Shop.

„Gib her das Top, gib her das Top!",
warf Gaby Bobby an den Kopp,
„Mach Schluss mit diesem Horrortrip!",
da schnappte Bobby auch den Slip!

(Dieser Zungenbrecher ist die „Hundertmeter-
Strecke" der Sprechsportler und Rapper. Wer
schafft diesen Text unter 10 Sekunden?)

Kuddel und Naddel

Schließt der Kuddel seine Naddel
in die schmuddeligen Paddel,
kennt der Kuddel kein Gedaddel,
nein, dann knuddelt er die Naddel.

Sigmar und Dagmar

Pflegt Sigmar
vor Dagmar
sein Phlegma,

kocht Dagmar
vor Sigmar
wie Magma.

Im Phlegma
von Sigmar
vor Dagmar

sieht Dagmar
ein Stigma
für Sigmar,

doch Sigmar
ein Dogma
für Dagmar.

Emmy und Samy

Emmy träumte oft von Samy,
aber Samy nicht von Emmy.
Immer jagte Emmy Samy –
schlimmer als im Ami-Krimi.

Kaum fand Emmy Samys Brummi,
da schlug Emmy Remmidemmi,
denn im Führerhaus vom Brummi,
da erkannte Emmy Samy.

Doch der Samy in dem Brummi,
dieser Samy war ein Dummy,
und der Dummy war aus Gummi.
Arme Emmy, arme Emmy!

Knut und Ruth

Rutscht Ruth zu Knut,
ruht Ruths Knut gut,
rutscht Knut zu Ruth,
ruht Knuts Ruth gut,

und knutscht Knut Ruth,
und knutscht Ruth Knut,
tut's Ruths Schnut gut
und Knuts Schnut gut.

Gabi und Tobi

Gäbe Gabi Tobi Liebe,
gäbe Bubi Gabi Hiebe.
Gäbe Gabi Bubi Liebe,
gäbe Tobi Gabi Hiebe.

Bliebe Gabi nah bei Robi,
gäbe Robi Gabi Liebe,
aber Bubi sowie Tobi
grobe Hiebe auf die Rübe.

Kleiner Page

Kleiner Page
trägt die Tasche
zur Etage
für Natascha.
        Nur Courage,
        kleiner Page!
        Nur Courage,
        nur Courage!

Kleiner Page
neckt die Fesche
mit Courage
unterm Tische.
        Nur Courage,
        kleiner Page!
        Nur Courage,
        nur Courage!

Kleiner Page
zwickt die Fesche
durch Corsage,
Strumpf und Wäsche.
        Nur Courage,
        kleiner Page!
        Nur Courage,
        nur Courage!

Kleiner Page
lockt die Fesche
zur Massage
in die Dusche.
Nur Courage,
kleiner Page!
Nur Courage,
nur Courage!

Kleiner Page
stürmt die Bresche,
Liebesrage packt
Natascha.
„Komm, mein Page,
komm, mein Page,
komm, mein Page,
sei mein Pascha!"

Heldentum

Holger sagt, er sei ein Held,
dem sich jede Frau enthüllt.
Helga will von Holger Geld,
ehe ihre Hülle fällt.

Als nun Holger Helga schilt:
„Man entpellt sich nicht für Geld!",
setzt ihn Helga schnell ins Bild:
„Bleib ein Held, der sich enthält!"

Einheiten

Bist du's Alleinsein leid
in deiner Wohneinheit?
Ist deine Zeiteinheit
das Einerlei der Zeit?

Wenn's unter deinem Kleid
nach Streicheleinheit schreit,
bin ich als Kampfeinheit
zur Zweisamkeit bereit.

Berückend

Als sie ihren Rücken reckte,
und ich dann berückt entdeckte,
dass sie vorn auch nichts versteckte,
sagte ich mir: „Wie entzückend,
sie ist rundherum berückend!"

Beziehungsmechanik

Dass er ihr Blicke schenkte
und seinen Hals verrenkte,
zeigt, dass der Trieb ihn lenkte
und die Vernunft verdrängte.

Dass sie ihn zu sich winkte,
spricht für hormonbedingte
und höchst komplex verlinkte
Reproduktionsinstinkte.

Bodenhaftung

Heilige, die darauf hofften,
Engeln sich ans Hemd zu heften,
blieben oft an heißen Hüften
oder hohen Hacken haften.

Casanova - Cäsar novus

Veni, vidi, vici
rucki zucki Kiki!

Veni, vidi,vici
rucki zucki Dicki!

Veni, vidi, vici
rucki zucki Ricki!

Veni, vidi, vici
Kiki, Dicki, Ricki!

Vivat Schickimicki!

Verständigung

Rotlicht in Danzig.
Sie sagte: „Zwanzig!"
Der Rest verstand sich.

Quitt?

Ritt Pit mit Brit,
stritt Grit mit Pit
und Pit litt mit,
seit Grit Brit schnitt.

Ritt Pit mit Grit,
stritt Brit mit Pit
und Pit litt mit,
seit Brit Grit schnitt.

Ach Brit und Grit,
wann seid ihr quitt
im Streit um Pit?
Geht's auch zu Dritt?

Berufsrisiko

Krieg keinen Schock, Britt,
der Bock im Cockpit
nimmt jeden Rock mit!

Kein Bock auf Bockshit?
Schon deinen Rock, Britt,
geh nie ins Cockpit!

Ballgeflüster

„Du bist mein Ein und Alles!",
entfuhr es ihrem Mann
im Auf und Ab des Balles,
„Erahn es ab und an!"

Verdächtiges Duzen

Duzt du Dodo,
da dich Dodo duzt,
oder duzt dich Dodo,
da du Dodo duzt?

Blauäugigkeit

Misstraue deiner Augenbläue
und schwöre nicht auf Frauentreue.
Misstrau dem Mann, der nie betrügt,
kann sein, dass er nur besser lügt.

Paradox

Hab mir die Frauen angeschaut,
doch eins macht mich verrückt:
Sie sind zwar alle gleich gebaut,
doch niemals gleich gestrickt.

Mein Wickelrock

Wenn ich im engen Wickelrock
die Blicke vieler Männer lock',
taxier'n sie mich als Bettenschmaus.
Ich spür: Jetzt wickeln sie mich aus!

Ich zeig' mehr Knie und zeig' mehr Bein
und weiß: So wickel' ich sie ein!
Mein Wickelrock macht Männern Spaß!
Vielleicht entwickelt sich ja was.

Auffanglösung

Ihr Gelöbnis:
„Kein Erlebnis
vorm Verlöbnis!"
Sein Gelöbnis:
„Kein Verlöbnis
vorm Erlebnis!"

Das Ergebnis:
Kein Erlebnis!
Kein Verlöbnis!
Kein Zerwürfnis!
Doch Besäufnis
nach Bedürfnis!

Luftverkehr

Abu Dhabi – Dubai,
Dubai – Abu Dhabi.
Chefpilot ist Tobi,
Stewardess ist Gaby.

Abu Dhabi – Dubai,
Dubai – Abu Dhabi,
Gabys Typ ist Tobi,
Tobis Typ ist Gaby.

Abu Dhabi – Dubai,
Dubai – Abu Dhabi,
Gaby treibt's mit Tobi,
Tobi treibt's mit Gaby.

Abu Dhabi – Dubai,
Dubai – Abu Dhabi,
Bald ist Tobi Papi,
bald ist Gaby Mami.

Happa-Happa, Baby,
Baby, Happa-Happa!
Tobi, Gaby, Püppi,
nun sind alle happy!

Die Therapeutin

Ich hatt' eine Therapeutin,
eine bess're find'st du nicht,
sie sah in meiner Haltung
gleich die Bewusstseinspaltung
aus Siegmund Freud'scher Sicht.

Ich schenkte ihr zwei Narzissen,
da hat sie mir gleich erklärt,
sie würd' ja gern mal wissen,
warum denn grad Narzissen,
ich sei total gestört.

Da sang ich für sie ein Liedchen,
aber sie blieb kalt und stumm,
ich träumt' von einem Kusse,
sie gab mir noch vorm Schlusse
ein Antibronchikum.

Sie stellt' mir die Diagnose,
erklärte mir mein Malheur:
Ich wär' von Kopf bis Waden
ein Opfer von Blockaden,
da wär' die Heilung schwer.

Nun schloss ich sie in die Arme
und küsste sie hundert Mal,
sie sagte mir, ich bliebe
wohl bei der Affenliebe
mit solchem Ritual.

Die Fetzen-Jeans

Zerfraß das Mottenvolk die Hose?
Hast du sie selbst so abgewetzt,
dass ihr Gewebe nur noch lose
die Kurven deines Beins umnetzt?

Wozu soll deine Hose taugen,
durch deren Risse nackte Haut
mit hundert schräg geschlitzten Augen
den Männern in die Augen schaut?

Im Zwielicht der Erotikbühne
scheint deine Bravheit ungetrübt.
Ob sich wohl deine Engelsmine
nicht auch mal eine Blöße gibt?

Soll ich fürs Hosenflicken sammeln,
dass dich nicht kalte Luft berührt?
Dann hätte mich ihr Schauvergammeln
zu einer guten Tat verführt.

Don Juan

Unaufhörlich
und begehrlich
jag' ich Hedwig
durch Venedig.

Sie betört mich
und erhört mich,
doch eins stört mich:
Sie begehrt mich!

Sie meint's ehrlich –
wie beschwerlich!
Sie liebt redlich –
das nervt tödlich!

Unaufhörlich
und begehrlich
jagt mich Hedwig
durch Venedig.

Endlich flücht' ich
aus Venedig –
aller Pflichten
glücklich ledig!

Jagdpech

Er jagt sie mit Verwegenheit
im Rausch von Überlegenheit,
doch plötzlich, aus Verlegenheit,
verpasst er die Gelegenheit.

Schüttelreime

Appetizer (Xanthippes Sicht)

Wie die geilen Schweine beben,
wo Revuestar-Beine schweben!

Handstreich (Machosicht)

Sie wollte zart die Lippen regen,
doch musst' sich auf die Rippen legen.

Kaum griff ich mir ihr Musenbein,
da war auch schon ihr Busen mein.

Wenn sie doch bloß gebimmelt hätt',
vor meinem Sturm aufs Himmelbett!

Ergebnisorientierung

Musst Frauen in die Daunen lenken
und nicht an ihre Launen denken.
Magst dich an ihren Busen schmeißen,
doch darfst sie nie beim Schmusen beißen.

Rotlicht

Wer sehn will, was die Musen bieten,
der muss halt ihren Busen mieten,
muss erst auf ihre Beine schauen
und dann auf seine Scheine bauen.

Schon abgebrüht in Jugendtagen,
wird manche deine Tugend jagen,
dich so mit Schwung aufs Laken kriegen,
als würdest du beim Kraken liegen.

Preisfrage

Wer macht bei Frau'n den tollsten Fang?
Der Playboy mit dem vollsten Tank.

Um den Bart

Zehn rote Nägel biegen zart
ihm Zwirbel in den Ziegenbart.

Entscheidungsfrage

Der Playboy glaubt, er müsse küssen,
der Mönch, er müsse Küsse missen.

Mutverteilung

Wir wissen, wenn wir Hühner kennen:
Kühn sind die Hähne, kühner Hennen!

Möchtegern-Diva

Bei ihr war'n falsche Noten Regel,
da halfen keine roten Nägel.

Methodenwechsel

Manch Frau kann man nicht bieder mieten,
der muss man hübsche Mieder bieten.

Biodiversität

Die eine schlürft mit Kennern Muscheln,
die andre will mit Männern kuscheln.

Gut so

Die Liebespärchen legen sacht
sich lang, bis Kindersegen lacht.

Appetitbremse

Männer, eure mauen Fragen
schlagen auf den Frauenmagen.

Einstellungssache

Der eine mag die Frauen gern,
der andre bleibt dem Grauen fern.

Fallstrick

Vermeid, aufs Frauenbein zu schauen
und auf den schönen Schein zu bauen!

Hingucker

Ich find' die meisten Frauen schön,
sobald ich dem Beschauen frön'.

Haltung

Wisst ihr noch Rat? Wir wissen keinen!
Doch lasst uns nicht ins Kissen weinen.

Rose

Und ob die gut mit Männern kann!
Die rechnet zu den Kennern, Mann!
Wie sie die roten Nägel krümmt
und dich so keck und kregel nimmt!
Du glaubst nicht, dass sie „Rose" heißt,
wenn sie dich aus der Hose reißt!

Das Fädchen

Beim Tanz dreht sich ein forsches Mädchen,
da reißt am Kleid ein morsches Fädchen.
Das Oberteil vom Kleide sinkt
mit Rascheln, das nach Seide klingt.

Man fragt sich, als die Hülle fällt,
ob der BH die Fülle hält,
bestaunt geschockt die nackten Formen:
So deutlich sprengen Fakten Normen!

Frommer Wunsch

Ich möchte auf der Wiese liegen
und meine liebe Liese wiegen.

Landpartie

Willst du dich hinterm Rock verstecken,
als trockner Rosenstock verrecken?
Du musst den Liebsten reizen wollen,
mit ihm durch hohen Weizen rollen.

Dort lass nicht Langeweile gelten,
Natur erschließt dir geile Welten.
Das Glück schenkt dir verrückte Zeiten
und lehrt dich das verzückte Reiten.

Von den Socken

Musst Männer von den Socken bringen,
bis diese sturen Brocken singen!
Weißt du, was mir der Getty bot?
Zwölf Pfund für meinen Petticoat!

Pas de deux

Es gilt, statt beim Ballett zu bocken,
den Partner sich ins Bett zu locken,
vereint den Körperbau zu schulen
und bei der Nabelschau zu buhlen.

Ermutigung

Gibst du dem Mädchen nimmer Küss',
gerät es bald in Kümmernis.

Hörst du sie mit Gewimmer zagen,
musst du dich in ihr Zimmer wagen.

Strahl nur in ihre wachen Lider –
und ihre Augen lachen wieder!

Lohnende Mühe

Kämpf drum, dass die „Heile Welt"
möglichst eine Weile hält!

Revuestar

In der Revue tanzt keine besser,
denn keine schmeißt die Beine kesser.
So lustvoll schwingt das nette Becken,
als würdest du's im Bette necken.

Strip

Fünf Sterne ist die Fesche wert,
wenn sie aus ihrer Wäsche fährt.
Auch, wer nicht viel von Fülle hält,
genießt's, wenn ihre Hülle fällt.

Sie fand den Ehestand borniert
und hat das Eheband storniert.
Das Ehepaar wurd' Stornopaar
und beide wurden Pornostar.

Assoziation

Seh' ich deine Locken gleiten,
hör' ich Blumenglocken läuten.

Liegewagen

Ob wir uns im Liegewagen
beide auf die Liege wagen?
Würd' uns nicht das vage Liegen
in manch schräge Lage wiegen?

Könnten wir der Liege wegen
uns nicht gar im Wege liegen?
Liegen wir im Liegewagen
wie wir in der Wiege lagen!

Unter Bewachung

Darfst Frauen nie Avancen machen,
wo herrische Emanzen wachen.

Sportliche
Stolpersteine

Erste Sprechsport-Schritte

Wenn man sich liebe Dinge sagt
und zärtlich in die Ohren haucht,
ist sprecherische Kunst gefragt,
wird sprechsportlicher Schliff gebraucht.

Auch finden Babys, die noch lallen,
am Sprechsport-Training viel gefallen,
bis sie mit Schneid, auf allen Vieren,
ihr ganzes Umfeld kommandieren.

Ping-Pong-Pokal

Wenn beim Bangkoker Ping-Pong-Pokal
die Bangkoker auf ihrer Bank hocken
und bange gucken,

wie die Pekinger Ping-Pong-Profis
die Bangkoker von der Platte pauken,

dann kochen die Bangkoker.

Elferkiller

Halt die Pille,
alter Bulle!
Fälsch die Pille
ab zur Hölle!
Zeig dem Balle
deine Kralle!
Lock die Bälle
in die Falle!

Killst du alle
Elferbälle,
füll'n dir viele,
viele Mille
schon in Bälde
die Schatulle!
Wir vergolden
dir die Kralle!

Zeitfahren

Als sich der Vetter von Annette
in der Fahrradkette
verheddert hatte

und gewettert hatte,
er wette
jede Wette,

dass Annette
die Fahrradkette
nicht gefettet hätte,

da schmetterte
der Vetter
auf die Bretter.

Artisten-Duo

Ohne Anna
kann keine Anakonda
in die Arena,

und ohne Anakonda
ist Anna in der Arena
keine „Kanone".

Nationalspieler

Und wenn ich für Simbabwe
die schönsten Tore köpf',
vom Schweiße nur so tropfe
und mich total erschöpf' –

zu Haus hat meine Schnepfe
doch keinen Klops im Topf,
sie hat nur Pop im Kopfe
und zupft an ihrem Zopf.

Schon fragt mich halb Simbabwe,
wenn ich ins Tüchlein schnupf',
wann ich mit meiner Schnepfe
denn mal ein Hühnchen rupf'.

Zweierbob

Vordermann: Pitt.
Hintermann: Bob.
Zwei Männer,
ein Job:
Zweierbob.

Kurzer Trab,
hopp –
und ab.
Gut Bob,
Hut ab!

Bob ist top,
topfit
und Pitt –
ein Hit!
Hundert im Schnitt!

Dampf, Bob!
Dampf, Pitt!
Kämpf, Bob!
Kämpf, Pitt!
Durch –

Und Stopp!
Bravo, Bob,
toller Job!
Super, Pitt,
Teufelsritt!

Was?
Bob gedopt?
Bob ein Flop?
Und Pitt mit?
Shit!!!

Eidgenössische Kooperation

Die Solothurner Turner tarnen
vor Winterthurern, wie sie turnen!
Die Winterthurer Turner tarnen
vor Solothurnern, wie sie turnen!

Sollten nicht Solothurner Turner
von Winterthurer Turnern lernen,
wenn Winterthurer Soloturner
in Winterthur ihr Solo turnen? Od'r?

Sollten nicht Winterthurer Turner
von Solothurner Turnern lernen,
wenn Solothurner Soloturner
in Solothurn ihr Solo turnen? Od'r?

Ringer-Oberliga

Üben Sindelfinger Ringer
ihre Ringerfinger länger
als die Überlinger Ringer,

bleiben Sindelfinger Ringer
länger als die Überlinger
in der Ringer-Oberliga.

Flinker als die Überlinger
und die Sindelfinger Ringer
ringen nur die Wolpertinger.

Volle Pulle

Toll, wie du mit dem Balle knolzt,
den Ball mit lautem Knalle bolzt
und aus der Abseitsfalle holzt,

toll, wie du alle Elfer killst
mit deinen Böllern Stadien füllst
und Tore ballerst, wie du willst,

und wenn du schwer gefoult fällst,
toll, dass du dich nicht lange wälzt,
doch blitzschnell auf die Beine stellst

und wieder um die Wette wetzt,
dich feste um das Leder fetzt
und knallhart deine Bomben setzt.

Du kämpfst und köpfst ab Spielbeginn
mit Hackentrick und Knie und Kinn,
ein Schuss! Verrückt! Der Ball ist drin!

Kiten

Das Leben ist ein Wellenreiten,
ein Durch-die-Wellentäler-Gleiten
und Über-Wellenberge-Kiten
durch unbekannte Meeresweiten.

Die Kunst, zu kiten, lern beizeiten,
das Handwerk, mit dem Wind zu fighten,
dann möge Gott dein Segel leiten,
stets heile Heimkehr dir bereiten.

Das MATCH

Voll COOL sein Blick,
sein „HI" salopp,
sein OUTFIT schick,
sein RACKET top,
er spielt den CRACK,
ich bin nur „MOB".

Sein DRIVE – ein Grau'n,
zu kurz sein STOP,
sein SMASH verhau'n,
zu weit seit LOB,
mir GAME AND MATCH,
ihm SHAME AND FLOP.

Motorradrennen

Kawasaki!
Pack Suzuki
auf der Strecke
nach Kentucky!

Kawasaki!
Los Attacke,
bleib Suzuki
auf der Hacke!

Kawasaki!
Asphaltdecke!
Mach Suzuki
doch zur Schnecke!

Kawasaki!
Kurvenstrecke!
Bring Suzuki
um die Ecke!

Kawasaki!
Achtung Katze!
In die Bremse!
Nein, er hat se!

Katzekawa,
Kawakatze!
Kawasaki,
Kamikaze, RUMS!

Begrüßungsdrink

Kaum kam der Mann
im Caravan
zum Marathon
in Amrum an,

da nahm der Mann
die Kanne Rum
mit Kardamom
und kippte um.

Schüttelreime

Hüttenzauber

Als alle einen „Lütten" heben,
da lockert sich das Hüttenleben.
Der Wintersport wird nett begossen
und alle werden Bettgenossen.

Trainingszentrum

Hier kann ich ohne Schaden wohnen
und meine Sportlerwaden schonen.
Wie ich den Schmerz der Wade banne?
Ich steige in die Badewanne!

An Bord

Wer sich ins Boot zu flegeln sucht,
hört, wie die Crew beim Segeln flucht.
Sobald die Segelschüler kiffen,
verbannt man sie von Kieler Schiffen.

Schiedsrichtersache

Passt auf, dass nicht die Flegel siegen
beim Radsport oder Segelfliegen!

Ausgleichende Gerechtigkeit

Das Pferd bewegt das flaue Becken,
sein Jockey schlägt ihm blaue Flecken,
dann sitzt er ab und teert die Pforte,
sein Pferd verschlingt derweil die Torte.

Einschüchterung

Vom Boxen hab' ich Fingerschwielen.
Dein Kinn wird meine Schwinger fühlen.

Leistung zuerst

Zuvor musst du im Laufen siegen,
dann bleibe gern beim Saufen liegen!

Fußballfieber

Fanmeile

Nie kann die Fußballliebe trügen,
die Lust am Spielbetriebe lügen!
Wenn unsre Spieler Schüsse kicken,
dann musst du ihnen Küsse schicken.

Angriff

Werd nie beim Bällehacken matt,
auch wenn der Gegner Macken hat!
Die FIFA hat den Preis gestellt,
greif an, ist auch dein Steiß geprellt!

Schadenfreude

Im Clublokal, wo Goofy prasst,
ist Donald Duck als Profi Gast.
Sein Herz, das nicht für Bayern glüht,
genießt, was diesen Geiern blüht.

Profi

Er war umschwärmt von Kölner Mädchen
und das Idol von Möllner Käthchen,
bis er in Bett und Hängematte
von Mädchen eine Menge hatte.

Foul

Manch Spieler trinkt in Baden Wein
und trifft statt Ball das Wadenbein.
Der Stiefel, den solch Heini schwingt,
ist schuld, dass unser Schweini hinkt.

Rallye-Pech

Erst führten die Berliner Ziegen,
doch dann blieb ihr Benziner liegen.

Ganzheitlicher
Stein der Weisen

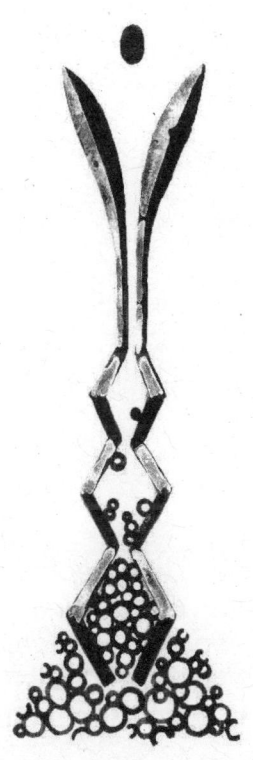

Rang und Name

Hat der Orang
Vorrang
vor dem Utan?

Hat der Utan
Vorrang
vor dem Orang?

Ohne Orang
ist der Utan,

Ohne Utan
ist der Orang

nur ein halber
Orang-Utan.

(Nach Fertigstellung des Gedichtes erfuhr ich fol-
gendes: *Der Name Orang-Utan kommt aus dem
Malaiischen und bedeutet „Waldmensch" aus orang
„Mensch" und (h)utan „Wald".* Die Fragestellung des
Gedichtes erweist sich als unvermutet aktuell.)

Alle Zungenbrecher im Überblick

Zum Sprechsport

Wie ich schnelles Sprechen trainiere

Nach meinem Auftritt bei „Wetten, dass…?" bin ich oft gefragt worden, wie ich meine hohe Sprechgeschwindigkeit erreiche. Ich möchte das im Folgenden erläutern.

Ich gehe in drei Schritten vor. Erstens eigne ich mir den Text in einer Weise an, dass ich ihn auswendig fast wie im Schlaf sprechen kann und er wie von selbst aus mir herausströmt. Zweitens bringe ich meine Zunge mittels einfacher Übungssilben in einen schnellen Eigenrhythmus, der vom Text noch völlig unabhängig ist. Drittens hänge ich den Text in den Rhythmus ein, indem ich die Übungssilben durch die Silben des Textes ersetze. Text und Rhythmus verschmelzen schließlich zu einer Einheit.

1. Schritt: Das Sichaneignen des Textes

• Ich lasse den Text zu mir sprechen – bereit zur Liebe auf den ersten Blick.

• Nun spreche ich jede Silbe so langsam und deutlich, als würde ich gerade lesen lernen.

• Ich lasse mir jeden Laut „auf der Zunge zergehen" und genieße den Klang jeder einzelnen Silbe wie ein kleines Lied.

• Jetzt betone ich in den Worten bewusst auch unbetonte Silben, damit ich diese später nicht verschlucke.

• Ich spreche den Text im Zweivierteltakt (wénn Papá Grappá schlabbért), und im Dreivierteltakt (wénn Papa Gráppa schlabbért), um vom Wortakzent unabhängig zu werden.

• Jetzt spreche ich den Text mit regulären Wortakzenten und starkem Ausdruck, wobei ich jede Silbe so präzise artikuliere, als würde ich einen Dartpfeil werfen.

• Ich versenke jede Silbe des Textes in meinem Körper, indem ich beim Gehen pro Schritt eine Silbe sage.

• Mit Leib und Seele schlüpfe ich in den Text hinein und gestalte Phrasen, Pausen und Melodien.

• Ich versuche, in dem Text so heimisch zu werden, dass Spontaneität und Gestaltung ineinander aufgehen.

• Allmählich kenne ich den Text so sicher auswendig, dass ich ihn mit mir herumtrage wie der Handballer den Handball.

2. Schritt: Das Üben eines schnellen textunabhängigen Zungenrhythmus

• Ich spreche die Silbe „da" in Form von Dreiergruppen (dadada) und Vierergruppen (dadadada), die ich häufig wiederhole.

• Nun übe ich die Dreiergruppen mit wechselnder Betonung:
dádada, dádada, dádada – dadáda, dadáda, dadáda – dadadá, dadadá, dadadá.

• Entsprechend verfahre ich mit den Vierergruppen:
dádadada, dádadada, dadádada –
dadádada, dadádada, dadadáda –
dadadáda, dadadáda, dadadadá –
dadadadá, dadadadá, dadadadá –

• Jetzt verknüpfe ich vier Dreiergruppen –
dadada, dadada, dadada, dadada –
zu einer Zwölfergruppe:
dadadadadadadadadadadada,
denke aber nur die Anfangssilbe (Vorturner) jeder Dreiergruppe:

da(dada) da(dada) da(dada) da(dada),
da die zwei übrigen Silben dada dada dada dada als Folgesilben (Nachturner) inzwischen jeweils „von selbst" laufen.

• Wenn ich die Zwölfergruppen so gut trainiert habe, dass dem Vorturner jeweils elf „von selbst" laufende Nachturner folgen, richte ich meinen Gedankenimpuls nur noch auf die Vorturner, sodass ich für 24 Laute nur zwei Gedankenimpulse geben muss.

• Ich genieße die Vorstellung, dass mir die Silben wie eine Perlenschnur aus dem Mund gezogen werden.

• Allmählich steigere ich die Geschwindigkeit, doch immer nur so weit, wie meine Zunge weiterhin mühelos von Perle zu Perle hüpfen kann. Ich stelle mir vor, meine Zunge würde tanzen, rennen und über kleinste Hindernisse springen.

• Zwar erzeuge ich pro Sekunde in der Spitze mehr als dreißig Laute (z.B. zwölf Silben mit durchschnittlich drei Lauten), während gängige Maschinengewehre in der gleichen Zeit nur rund 20 Schüsse abgeben können. Beim Üben vermeide ich jedoch die Vorstellung eines Schießvorgangs, die zu gewaltsam wäre und zu Verkrampfungen führen könnte.

• Meine Zunge gerät in eine Eigenschwingung, die mir ein Lustgefühl vermittelt und mich trägt und beflügelt wie das Trampolinspringen.

• Keine Silbe behindert mehr die andere, und alle zusammen sind „aus einem Guss". Die Zunge tanzt wie nach einer Choreographie.

3. Schritt: Das „Einhängen" des Textes in den Zungenrhythmus

• Meistens wird versucht, den Text („das Primäre") in einen schnellen Rhythmus („das Sekundäre") zu bringen. Zur Erreichung einer höheren Geschwindigkeit muss ich jedoch diese Rangfolge vorübergehend entschlossen umdrehen.

• Ohne Unterbrechung des Zungenrhythmus tausche ich eine schnelle Folge gleicher Silben (Übungssilben) durch eine schnelle Folge verschiedener Silben (die Silben des Textes) aus.

• So werden zum Beispiel in den fortlaufenden Zungenrhythmus anstelle der Silben da-da-da-da-da-da-da die Silben die-tü-te-li-ge-Tee-tan-te „eingehängt".

• Damit habe ich die Freiheit erlangt, den Vortrag unter bewusster Gestaltung natürlich strömen zu lassen.

Neben Übungen, die sich auf schnelles Sprechen richten, mache ich häufig auch solche, die grundsätzlich geeignet sind, das Atmen, die Artikulation, den Sitz der Stimme und die Einbeziehung des Zuhörers in den Vortrag zu verbessern. Im Folgenden gebe ich dazu – ohne jeden Anspruch auf Vollständigkeit oder Allgemeingültigkeit – einige ganz persönliche Beispiele. Genauere Vorgehensweisen und viele Übungen finden sich im methodischen Arbeitsbuch „Sprechsport" von Georg Winter und Dagmar Puchalla (erschienen im Beltz Verlag, 2. Auflage, 2015).

Wie ich an meinem Sprechen arbeite

• Häufig mache ich mir klar: Ich esse, trinke und schlafe regelmäßig, aber nichts davon tue ich ununterbrochen. Mein Atem hingegen durchströmt meinen Körper immer. Deshalb kann mir bewusstes Atmen die kraftvollsten Lebensimpulse geben.

• Ich lasse meinen Atem langsam entweichen und erzeuge dabei ein langes, stimmloses „s" (oder ein „f"). Die Dauer des Ausatmens steigere ich schrittweise, indem ich wiederholt in

Gedanken bis 4, dann bis 8, bis 12, bis 16 zähle.

• Beim Ausatmen vermeide ich Druck, gemeint ist „Pressluft". Das „s" sollte sich nicht anhören wie das Zischen eines Reifens, der in einen Nagel fuhr. Vielmehr sollte es klingen, wie in dem „Pst", mit dem ich den Schlaf eines Kindes hüte.

• Gefühlsreiche Hilfsvorstellungen hauchen sogenannten „technischen" Übungen Leben ein. Eine technische Übung kann nur dann richtig sein, wenn sie sich nicht ins Maschinelle und Automatenhafte verselbständigt. Sie verlangt einerseits die volle rationale Präsenz, sollte aber gleichzeitig auch immer völlig aus der Seele kommen.

• Das Geheimnis tiefer, beseligender, wie von selbst einströmender Atemzüge liegt im vollen Ausatmen. Bei der folgenden Einatmung lenke ich den Luftstrom – nach Möglichkeit gleichzeitig – in Bauch, Brust und Lenden.

• Wer einen langen Atem hat, kann besser durchatmen. Ihm bleibt nicht so schnell die Luft weg. Er kommt nicht aus der Puste. Wo anderen noch der Atem stockt, wird er aufatmen.

• Zur Lockerung des Zwerchfells mache ich bestimmte Lachübungen. Dabei stelle ich mir vor, dass ich mit anderen, nicht über andere lache: „Hahahaha!", „Hohohoho!".

• Ich lasse beim Üben von Silben und Texten die Laute auf meinem gleichmäßigen Atemstrom tanzen, der zwischen dem Zuviel und dem Zuwenig die Balance hält.

• An Artikulationsübungen gehe ich kindlich, naiv, ursprünglich, fröhlich und spielerisch heran, nicht autoritär, humorlos oder gar mechanisch.

• Ich lockere meinen Unterkiefer, indem ich ihn wiederholt herabfallen lasse, wie ein Kind, das mit offenem Mund staunt.

• Meine Lippen lockere ich durch häufige Wiederholungen der urvertrauten Laute „ma, ma, ma".

• Ich lockere meine Zunge, indem ich die einfachen Silben „da, da, da" häufig wiederhole. Die Zunge sollte so locker und empfindsam auf und ab hüpfen wie ein Kind, das Seil springt. Für die Erreichung hoher Geschwindigkeiten liegt eine gute Hilfsvorstellung in rasch und sensibel bewegten Fingern, die eine Prise Salz verstreuen.

• Für viele Laute gilt: Wenn ich weit vorne spreche, das heißt, den Ort der Lauterzeugung möglichst nah an meine Vorderzähne heranschiebe, fällt es mir leichter, schnell und klar zu sprechen. Meine Devise lautet deshalb: „Vorn spielt die Musik".

• Spreche ich besonders langsam, so gebe ich meiner Artikulation eine komfortable Sicherheit, die meinen Spielraum für Gestaltung und Geschwindigkeitswechsel stark erweitert.

• Durch das Sprechen von anspruchsvollen Zungenbrecher-Gedichten mit schrittweise gesteigerter Geschwindigkeit schaffe ich für Artikulation, Atmung und Gestaltung Extrembedingungen mit einem hervorragenden Trainingseffekt.

• Je mehr meine Stimme „trägt", desto müheloser und klarer kann ich sprechen und desto mehr kann ich die Wortgeschwindigkeit ohne Einbußen an Verständlichkeit steigern.

• Tragender wird meine Stimme, wenn ich sie durch Mobilisierung der Kopfresonanz (Maske) verstärke. Dafür geeignet sind z.B. Sprechübungen wie „ning, neng, nang, nöng, nong, nung, nüng". Wenn ich meinen Kopf am Scheitel berühre, kann ich prüfen, inwie-

weit eine Steigerung der Kopfresonanz ge-
lungen ist. Auch kann ich meine Hand auf
den Brustkorb legen, um die Schwingungen
wahrzunehmen.

• Es macht mir Freude, bei meinem Vortrag
jeden Laut und jedes Gefühl zum Zuhörer
„rüberzubringen". Im Gegenzug nehme ich
die seelisch-geistigen Schwingungen aus
dem Publikum auf und trete so mit ihm in einen inneren Dialog.

• Fehlt bei den Übungen ein lebendiges Ge-
genüber, dann stelle ich mir einen lieben
Menschen vor, mit dem ich mich gut verstehe
und dem ich mich mitteile.

• Ich halte mir immer vor Augen: Können ist
ein Kind von Leidenschaft und Disziplin. Leidenschaft darf die Disziplin nicht dauerhaft
überwuchern. Die Disziplin aber muss sich
selbst disziplinieren, damit die Leidenschaft
sich dauerhaft entfalten kann.

Das kleine Einmaleins des Sprechsports

1. Wie kann Sprechen zum Sport werden?

Sprechsport kann besonders gut in kleinen Gruppen trainiert werden. Aus dem Sport lassen sich zahlreiche Aspekte auf das Sprechen übertragen:

1. Generelle, d.h. auf mehrere Sportarten anwendbare Trainingsmethoden (z.B. gezielt variables Training, Intervalltraining).

2. Spezielle, d.h. für bestimmte Sportarten typische Trainingsmethoden (z.B. Reaktionstraining beim Fechten, Atemtraining beim Schwimmen).

3. Wettbewerbs- und Spielformen (z.B. Zweikampf, Mannschaftskampf, Ausscheidungsverfahren, Staffellauf-Modelle) einschließlich Schiedsrichter.

4. Das Ethos der Sportlichkeit.
Sport verlangt Fairness. Foulspiel gilt als unsportlich, ebenso mangelnde Anstrengung, fehlender Mannschaftsgeist, nachlässige Wettkampfvorbereitung. Zum Sportethos gehört auch die faire Anerkennung der Unterlegenen.

5. Die Sportszene, das typische Sportambiente (z.B. Mannschaftsfarben, Anfeuerung durch das Publikum, Cheerleader, u.U. Ansagen und Moderation, Reportagen).

2. Welche Disziplinen gehören zum Sprechsport?

Der Vortrag beschränkt sich nicht auf das Sprechen. Auch mimische und gestische Elemente des Vortrages werden besonders gefördert. Disziplinen des Sprechsports sind u. a.:

1. Schneller Vortrag (entsprechend z.B. dem Sprint)
2. Ausdrucksstarker Vortrag (entsprechend z.B. dem Kunstturnen)
3. Chorischer Vortrag, d.h. gemeinsamer Vortrag durch die Gruppe (entsprechend z.B. dem Rudervierer)
4. Dialogischer Vortrag (entsprechend z.B. dem Fechten, Tischtennis)
5. Schreiben und Vortragen von Zungenbrechern (gemäß den Punkten 1, 2, 3 oder 4 oder in kombinierter Form).

3. Was ist das Faszinierende am Sprechsport?

1. Spaß an Wortspielen

   Schon das Kind ist für Freude an Wortspielen genetisch „programmiert". Die Spezies Mensch entwickelt sich und ihre Kultur durch die Sprache. Kinderlieder, Abzählreime und Zauberformeln faszinieren die Menschen von je her.

2. Spaß an körperlicher Leistung und Leistungssteigerung

   Schnell laufen, weit springen, gut schwimmen – all das ist für Kinder, junge Menschen, aber auch Ältere attraktiv. Diese Anstrengungen belohnt der Körper mit der Ausschüttung bestimmter Stoffe, die das Wohlbefinden des Menschen steigern. Tanz, Rhythmus und Musik lassen die Anstrengung bei der Bewegung vergessen. Am Sprechen sind viele trainierbare Muskeln beteiligt.

3. Spaß am Wettbewerb

   Sportwettkämpfe fesseln regelmäßig ein Millionenpublikum. Das Guinnessbuch der Rekorde ist ein Bestseller. Schon Kinder und Jugendliche begeistern sich für Sprechwettbewerbe. Sie werden durch klar eingegrenzte

Kurzfrist-Ziele motiviert, sie wollen Sieger im konkreten Wettbewerb sein, hier und jetzt ihren persönlichen Rekord aufstellen, einen Elfmeter wie ihr Lieblingsfußballer schießen. Langfrist-Ziele und allgemein gefasste Ziele (z.b. „Du willst doch, dass dich später einmal jeder gut versteht"), bilden vermutlich einen schwächeren Anreiz.

Zum „Spaß am Wettbewerb" gehört aber auch, dass es nicht allzu wehtun darf, zu verlieren. Spott oder Häme sind tabu. Jeder, der am Wettbewerb teilnimmt, muss sich ein Stück weit als Sieger fühlen dürfen. Schon der Mut zur Teilnahme muss Anerkennung finden.

4. Spaß an der Sportlerehre

Man will ein „Kerl" sein, der die Mannschaft „raushaut", der sein Bestes gibt, auf den man sich verlassen kann, der nicht so schnell „schlapp macht", der es den Spielgegnern immer wieder zeigt. Wer mit schlaffer Zunge spricht, mag unter einigen Jugendlichen vielleicht als „cool" gelten. Beim Fußball, aber auch beim sprecherischen Wettkampf gilt ein schlaffer Akteur eher als „Flasche". Jugendliche wählen sich häufig Leistungssportler als Vorbilder.

5. Spaß an der Sportszene

Sportveranstaltungen können vor allem für Jugendliche etwas Elektrisierendes haben. Das besondere Ambiente, das sich verschiedene Sportrichtungen geschaffen haben, versetzt die Sportfreunde in Spannung, Frohsinn, Zuversicht und lässt sie Alltagssorgen vergessen. Sprechsportveranstaltungen können so organisiert werden, dass die angeheizte Stimmung Teilnehmer und Publikum ähnlich packt wie wir es von Fußballwettkämpfen kennen. Die „Stimmung" „stimmt" umso mehr, wenn die „Stimme" daran beteiligt ist.

4. Was ist das beste Turngerät für die Zunge?

Der Turner braucht das Reck, den Barren, die Sprossenwand, um sein Können zu trainieren und zu steigern. Zu den besten Turngeräten für den Sprechsportler gehören Zungen-Brecher, -Löser, -Schmeichler, -Öler. Formal und inhaltlich sind die Zungenbrecher dem Alter ihrer Adressaten anzupassen.

Ich finde es gut, wenn Zungenbrecher fünf Merkmale erfüllen, die hier am Beispiel meines Zungenbrechers „Der Bangkoker Ping-Pong-Pokal" erläutert werden.

Der Bangkoker Ping-Pong-Pokal (Prosafassung)

Wenn beim Bangkoker Ping-Pong-Pokal die Bangkoker auf ihrer Bank hocken und bange gucken, wie die Pekinger Ping-Pong-Profis die Bangkoker von der Platte pauken, dann kochen die Bangkoker.

1. Lauthäufung

Die Häufung gleicher oder ähnlicher Laute zwingt den Sprecher zu erhöhter Aufmerksamkeit und steigert den Trainingseffekt. Beim „Bangkoker Ping-Pong-Pokal" treten gehäuft z.B. nasale, labiale und gutturale Laute auf. Auch hier kommt es auf das rechte Maß an. Ein Zuviel an ähnlichen Lauten würde gewollt und ernüchternd wirken.

2. Reizvoller Rhythmus

Der Rhythmus sollte dem geschilderten Vorgang entsprechen. Beim „Bangkoker Ping-Pong-Pokal" z.B. imitiert der „vertrackte, sperrige" Rhythmus das unregelmäßige Klackern des Ping-Pong-Balles. Für die Schilderung linearer Vorgänge nutzen die Zungenbrecher oft ein durchgängiges Versmaß.

3. Natürlicher Zeilenfluss

Der Zungenbrecher sollte auf unübliche Wortstellungen, die oftmals gewollt wirken, verzichten. Der Reiz ist am größten, wenn die Sätze trotz ihrer grammatischen Normalität schwer auszusprechen sind. Ein Polizeibericht hätte den dramatischen Vorgang beim Ping-Pong-Pokal von Bangkok nicht präziser und nüchterner beschreiben können.

4. Pointierte Geschichte

Das Vergnügen wird durch Schilderung eines lustigen oder dramatischen Vorganges gesteigert, besonders, wenn er auf eine Pointe hinsteuert. Im Beispiel bringt die haushohe Überlegenheit der Pekinger Ping-Pong-Profis die Bangkoker Ping-Pong-Spieler zum Kochen.

5. Klangliche Untermalung des Inhaltes

Es ist ein Ziel der Lyrik, mit dem Klang der verwendeten Worte und Wortfolgen deren Inhalt zu untermalen, ja geradezu mit ihm Eins zu werden. Das gilt auch für Zungenbrecher. Sie sind als eine spezielle Form der Lyrik anzusehen. Beim „Bangkoker Ping-Pong-Pokal" wird durch die gewählten Wortfolgen das typische Klangmuster des Ping-Pong-Spiels abgebildet.

5. Wie werden Wettbewerbe im Sprechsport durchgeführt?

1. Textvortrag und Zeitmessung
   Grundsätzlich gibt es zwei Möglichkeiten der Siegerermittlung:

   a. Wer benötigt für den fehlerfreien Vortrag eines bestimmten Textes am wenigsten Zeit?
   b. Wer kommt innerhalb eines vorgegebenen Zeitrahmens beim fehlerfreien Vortrag eines bestimmten Textes am weitesten?

2. Den Kontrahenten kann ein bestimmter, ihnen unbekannter Text zum sofortigen Ablesen vorgegeben werden. Weit besser werden die Leistungen jedoch, wenn den Kontrahenten ausreichende Vorbereitungszeit zum Trainieren und Auswendiglernen eingeräumt wird.

Bei meinem Wettkampf mit dem Meisterrapper Samy Deluxe übergab ich ihm mehrere Wochen vor Aufzeichnung der Sendung für das RTL Fernsehen einen von mir formulierten schwierigen Text. Umgekehrt erhielt ich einen Text von ihm. Die Aufgabe bestand dann für uns beide darin, den eigenen und den vom Kontrahenten formulierten Text hintereinander zu lesen.

Es ist wichtig, dass sich die Kontrahenten anhand des gleichen Textes messen. Unterschiedliche Texte haben immer unterschiedliche Schwierigkeitsgrade. Auch die Leistung von Springpferden ist nur dann vergleichbar, wenn sie den gleichen Parcours mit den gleichen Hürden absolvieren.

3. Anforderung an die Fehlerfreiheit

Manch Schnellsprecher brüstet sich mit einer rekordverdächtig kurzen Zeit für den Vortrag eines bestimmten Textes. Wird dann in Zeitlupe eine Tonaufzeichnung seines Vortrages abgespielt, so wird dessen Fehlerhaftigkeit erkennbar.

Die gemessene „gute Zeit" nützt dann dem Schnellsprecher ebenso wenig wie dem Springreiter sein schneller Ritt, wenn dieser eine oder mehrere Hürden gerissen hat. Aber wann ist beim Sprechen eine Hürde gerissen? Muss jeder Laut jeder Silbe jedes Wortes glasklar artikuliert sein? Das ist eine hohe Anforderung.

Jedes Wort besteht aus einer Silbe oder mehreren Silben, jede Silbe aus einem Laut oder mehreren Lauten. In der deutschen

Sprache liegt die Zahl unterschiedlicher Laute pro Silbe zwischen 1 und 8 – z.B. „Ah!" bzw. „pflaumst". Acht unterschiedliche Laute beinhalten unter anderem auch die Wendungen „trumpfst" (auf), „stumpfst" (ab), „stampfst" (auf). Die Wendung (du) „stampfst's" für (du) „stampfst es" bringt es sogar auf 9 Laute.

Im Durchschnitt kommen im Deutschen auf eine Silbe 3 unterschiedliche Laute. Damit zeigt das Deutsche im Vergleich zu vielen anderen Sprachen eine höhere Silben-Komplexität. Geringer ist die Silben-Komplexität zum Beispiel im Japanischen und Spanischen, wodurch in diesen Sprachen ein höheres Silben-Sprechtempo ermöglicht wird.

Während Japaner im Alltagstempo durchschnittlich 8 Silben pro Sekunde sprechen, kommen die Spanier auf 7,82 Silben, die Deutschen dagegen nur auf knapp 6 Silben.

Das ergaben Untersuchungen des Forschungsteams um F. Pellegrino von der Universität Lyon.
(www.welt.de/wissenschaft/article13671839, 20.10.2014)

Beim Schnellsprechen in deutscher Sprache erreiche ich pro Sekunde in der Spitze etwa 12 Silben mit durchschnittlich je 3 Lauten – was 36 Lauten entspricht. Ein Japaner oder Spanier müsste in seiner Sprache pro Sekunde eine größere Zahl von Silben sprechen, wenn er 36 Laute erreichen will. Es ist sinnvoll, einen an Silben pro Sekunde gemessenen Geschwindigkeitsrekord immer nur auf diejenige Sprache zu beziehen, die zur Anwendung kommt.

Die Hauptanforderung für Schnellsprech-Wettbewerbe lautet: Jeder Satz muss so gesprochen sein, dass der durchschnittliche Adressat alle Worte versteht – zumindest dann, wenn eine Tonaufzeichnung in Zeitlupe abgespielt wird.

Darüber hinaus sollte vor dem Wettkampf festgelegt werden, ob es akzeptiert oder im Sinne des Wettkampfes als Fehler angesehen wird, wenn der Vortragende

- bestimmte Laute entsprechend seinem Dialekt verändert und z.B. „isch" statt „ich" oder „nadierlich" statt „natürlich" sagt,
- bestimmte Laute slangmäßig vereinfacht und z.B. „wa" statt „was" oder „Alda" statt „Alter" sagt,

- bestimmte Laute sprachfehlerbedingt verzerrt, z.B. lispelt,
- bestimmte Laute umgangssprachlich verschluckt und z.B. „laufn" statt „laufen" oder „nich" statt „nicht" sagt oder
- generell Regeln der deutschen Bühnenaussprache (etwa nach dem Standardwerk von Theodor Siebs oder nach der Standardlautung der Funkmedien) verletzt.

Die Anforderungen sollten auf den Zweck und Anspruch des jeweiligen Sprechwettbewerbes zugeschnitten werden. Eine entscheidende Bedeutung kommt dem Schiedsrichter zu.

4. Auswahl des Schiedsrichters

Das Urteil über die Fehlerfreiheit sollte nach Möglichkeit einem Schiedsrichter überlassen werden, der sprachlich viel Erfahrung hat und die Abwägungen mit dem richtigen „Augenmaß" vornimmt. Er kann auch sicherstellen, dass mehrere Kontrahenten mit gleichem Maß gemessen werden.

Bei meinem Wettkampf mit Samy Deluxe war der Schiedsrichter ein bekannter Sprachwissenschaftler.

5. „Hundert-Meter-Strecke" der Sprechsportler

Gemessen an dem Zeitbedarf ist mein Zungenbrecher „Gaby Popp" für den Sprechsport das, was die Hundertmeter-Strecke für den Laufsport ist. Der Text von „Gaby Popp" befindet sich in diesem Buch im Kapitel „Erotische Stolpersteine".

Lange Zeit galt für den Hundertmeter-Lauf die leichtathletische Schallgrenze von 10 Sekunden. Der erste Sportler, der die hundert Meter in genau 10 Sekunden lief, war 1960 der deutsche Läufer Arnim Hary. Den heutigen Weltrekord hält Usain Bolt aus Jamaika mit 9,58 Sekunden.

Wer „Gaby Popp" gut artikuliert unter 11 Sekunden spricht, ist bereits ein Könner. Wie beim Laufen wird es mit steigendem Sprechtempo immer schwieriger, die Geschwindigkeit um auch nur eine Zehntelsekunde zu erhöhen. Der Rapper Kollegah schaffte die „Gaby Popp" in 10,4 Sekunden. Die von mir bei dem Zungenbrecher „Gaby Popp" erreichte Geschwindigkeit liegt bei 9,24 Sekunden.

Jeder ist eingeladen, zu testen, wie schnell er den Zungenbrecher „Gaby Popp" bei guter Aussprache lesen kann.

6. Wie kam die Sprechsport-Bewegung ins Rollen?

1. Vom Sprachfehler zur Sprechleidenschaft

Im Alter von etwa 12 Jahren wurde ich von meiner Volksschullehrerin zum Sprechunterricht geschickt, weil ich lispelte. Ich überwand meinen Sprachfehler und lernte gleichzeitig Zungenbrecher kennen, die mir so viel Spaß machten, dass ich von damals bis heute selbst Zungenbrecher schrieb. Der Klavierunterricht vermittelte mir eine Geschwindigkeitstechnik, die ich auf das Sprechen übertrug. Über eine nebenberufliche Gesangsausbildung erhielt ich eine professionelle Stimmschulung.

2. Auftritt bei der Fernsehsendung „Wetten dass…?" im September 2006

Ich wettete bei Thomas Gottschalk, dass ich sieben meiner komplizierten Zungenbrecher fehlerfrei innerhalb von 60 Sekunden aufsagen könnte. Nachdem das Abspielen meines Vortrages in Zeitlupe vor rund 13 Millionen Fernsehzuschauern bestätigt hatte, dass der Vortrag fehlerfrei war, wurde ich mit großem Abstand zum Wettkönig gewählt. Von diesem Zeitpunkt an erhielt ich viele Einladungen zu Fernsehauftritten und Zeitungsinterviews.

Unter dem Titel „Zungenbrecher" erschien noch 2006 bei Random House eine CD sowie 2007 bei Goldmann ein Taschenbuch.

3. Sprechsport-Meisterschaft für norddeutsche Schulen

Ich erkannte, dass der Sprechsport die wirksamste Methode darstellt, um Jugendliche – aber auch ältere Menschen – für gutes Sprechen zu begeistern und vielleicht sogar eine Breitenbewegung für gutes Sprechen in Gang zu setzen. Sollte es nicht möglich sein neben dem Fußball-, Handball-, Tennis- und dem Laufsport auch den Sprechsport als Breitensport zu etablieren?

Am 2. März 2007 fand im Hamburger Christianeum die erste schulinterne Premiere einer Sprechsport-Meisterschaft statt.

Mit dem NDR-Fernsehen als Medienpartner wurde am 2. Juli 2007 eine norddeutsche Sprechsport-Meisterschaft ausgetragen, an der sich insgesamt 24 Klassenteams aus Bremen, Hamburg, Mecklenburg-Vorpommern, Niedersachsen und Schleswig-Holstein beteiligten.

4. Sprechsport in Lehre und Forschung

Ein Universitätsseminar zum Sprechsport wurde erstmals von der Schauspielerin, Sprecherzieherin und Theaterwissenschaftlerin Dagmar Puchalla im Sommersemester 2009 an der Leuphana Universität Lüneburg angeboten. Das Seminar stieß auf breites Interesse. Ihre Erfahrungen mit den Studenten verschiedener Fachrichtungen nutzte Dagmar Puchalla für die Entwicklung einer methodischen Sprechsport-Didaktik, in die auch Gedanken von Eckart Meyners einflossen. Er war langjähriger Dozent an der Leuphana Universität Lüneburg und leitete viele Jahre das dortige Institut für Freizeitforschung, Spiel- und Bewegungserziehung (IFBS). In dem von Dagmar Puchalla und mir gemeinsam verfassten Buch „Sprechsport" (2. Auflage 2015) stammt von ihr der methodisch-didaktische Teil.

Auch in der Medizin und Linguistik wuchs das Interesse am Sprechsport. Am Universitätsklinikum Hamburg-Eppendorf führte Prof. Dr. Markus Hess (inzwischen Mitgründer der Deutschen Stimmklinik und seit 2015 Präsident der Pan European Voice Conferences) eine Sonde durch meine Nase, um Videodateien zur Funktion der Stimmlippen bei Extrembelastung zu erstellen.

Am Zentrum für Allgemeine Sprachwissenschaft (ZAS) in Berlin wurde im Phonetik-Labor eine elektromagnetische Artikolographie (EMA) durchgeführt. In einer 2010 erschienenen wissenschaftlichen Veröffentlichung stellen die Forscher u. a. fest, dass in der ihnen bekannten wissenschaftlichen Literatur von einer vergleichbaren Sprechgeschwindigkeit bisher nicht berichtet wurde: „Georg Winter is the fastest Speaker of German in Germany (if not in the world) of whome we are currently aware and who has been reported" (Susanne Fuchs u. a., „Between the Regular and the Particular in Speech and Language", Peter Lang GmbH, Internationaler Verlag der Wissenschaften Frankfurt am Main 2010, Jannedy/Fuchs/Weirich, S. 227).

5. Jüngste Entwicklungen in der Sprechsport-Bewegung

Laufend werden Vorträge und Seminare über Körper-, Atem-, Stimm- und Sprechtraining mit Sprechsport angeboten. Zielgruppen sind Lehrer und Pädagogen, Profis in Wirtschaft und Politik, Künstler und Kreative sowie alle Privatpersonen, die an ihrer sprachlichen Entwicklung interessiert sind. Das qualifizierte Sprechsport-Team bietet auch Einzelcoachings an. Kooperationen bestehen u. a. mit

Uni Lüneburg, Ver.di Lüneburg, Uni Hamburg Elbcampus, BKK Mobil Oil, Goldbekhaus Hamburg. Über die aktuellen Termine, Dozentinnen und Dozenten, CDs und Bücher sowie Interviews und Fernsehauftritte informiert die Website der Sprechsport-Bewegung www.sprechsport.de.

Das Sprechsport-Zentrum befindet sich im HAUS DER ZUKUNFT in Hamburg, Osterstraße 58, 20259 Hamburg, e-mail: info@sprechsport.de, Tel. 040/4907-1266. Für die Organisation ist Gesa Heinrich, für das Sprechsport-Team Dagmar Puchalla verantwortlich. Der Begriff „Sprechsport" ist im Rahmen einer Wort-Bild-Marke urheberrechtlich geschützt.

7. Worauf zielt der Sprechsport ab?

Sprechsport nützt dem Einzelnen und der Gesellschaft durch:

1. Bessere Aussprache

   Zum Beispiel können eine unklare Aussprache oder ein zu starkes „Dialektsprechen" überwunden werden. Die bewusste Pflege landsmannschaftlicher Dialekte ist aber durchaus unterstützenswert. Die Fähigkeit, Hochdeutsch zu sprechen, ohne ungewollt Heiterkeit zu erregen, sollte jedoch ebenfalls beherrscht werden.

2. Freudige Selbstentfaltung

Zur Selbstentfaltung gehören das Aus-sich-Herauskommen, das Denken beim Sprechen und das Sprechen beim Denken, die Entwicklung einer gewissen Sprechkunst, das erleichterte Erlernen bestimmter Laute der deutschen Hochsprache oder auch fremdsprachlicher Laute (mittels Zungenbrechern in dieser Sprache), die Veranstaltung von Sprechwettbewerben in der Familie oder in sonstiger Gesellschaft.

3. Erhöhung persönlicher und beruflicher Chancen

In der persönlichen Partnerschaft, beim gesellschaftlichen Umgang und in der beruflichen Karriere ist es wichtig, teilweise sogar für das ganze Leben entscheidend, zum richtigen Zeitpunkt mit dem richtigen Tonfall das Richtige zu sagen. Lispelnd vorgetragen, können ernstgemeinte Komplimente wie „Du siehst so bezaubernd aus" Heiterkeit erregen oder sogar spöttische Reaktionen provozieren. Das gilt besonders dann, wenn der

Sprechende so stark lispelt, dass ein „s" dem englischen „th" gleichkommt.

4. Verbesserung der Kommunikation in der Gesellschaft

Im öffentlichen Leben, in der Wirtschaft, in der Wissenschaft, im privaten Bereich, aber auch im zwischenstaatlichen Sektor dient die Förderung des Sprechens durch Sprechsport der besseren mündlichen Kommunikation und damit auch der gründlicheren Meinungsbildung und der Schaffung tieferer emotionaler Gemeinsamkeit.

5. Wahrung des Evolutionsstandes der Menschheit und ihrer Kultur

Wie bereits erwähnt, sind Sprechen und Denken die Fähigkeiten, in denen sich der Mensch wohl am stärksten vom Tier unterscheidet. Im Allgemeinen können Tiere nur Laute hervorbringen, die Vokalen oder Doppelvokalen ähneln. Eine Ausnahme machen gewisse Tierarten, die aufgrund von physiologischen Sonderbedingungen bestimmte Knack-, Schnalz- und andere Laute erzeugen können.

Der Mensch allein ist in der Lage, durch bewusste Dosierung und Lenkung des Luftstromes unter Einsatz der physiologischen Bedingungen seines Mund- und Rachenraumes eine Vielzahl unterschiedlicher Konsonanten zu erzeugen. Erst diese Konsonanten erlauben es, unterschiedliche Vokale ganz deutlich voneinander abzugrenzen, Worte zu bilden und den Dingen und Empfindungen Namen zu geben.

Die Eindämmung des emotionalen Urstromes der Vokale und dessen gezielte Hemmung zur Hervorbringung bestimmter Laute hat die Fähigkeit des Menschen zur Selbstbeherrschung gefördert. Die Selbstbeherrschung und die Selbststeuerung des Menschen aber hatten und haben eine zentrale Bedeutung für die Schaffung und Aufrechterhaltung der Kultur und Zivilisation des Menschen.

Die Förderung guten Sprechens unterstützt die Selbstdisziplin, die dann auf andere Aktivitäten ausstrahlen kann – zum Nutzen des Bürgers selbst und zum Wohle des Staates. Allerdings darf die Selbstdisziplin nicht verabsolutiert werden. Auch das Spontane, das hingebungsvoll Strömende und das demutsvolle Geschehenlassen prägen und bereichern die Sprache des Menschen und seine Kultur.

Schlussbemerkung

Wer gern Fußball spielt, kann sich nach Herzenslust auf der Wiese austoben. Wer jedoch Schritt für Schritt sein Können steigern oder mit seiner Mannschaft gar von Liga zu Liga aufsteigen will, wird nicht darum herumkommen, unter professioneller Anleitung planmäßig mit Leidenschaft und Disziplin zu trainieren. Was für den Fußball und alle Sportarten richtig ist, gilt auch für das gute Sprechen.

Dank

Großen Dank empfinde ich für meine Volksschullehrerin, Frau Höffler, die mich als Kind zum Sprechunterricht schickte, für Frau Hannah Papst-Jürgensen, die mich als Leiterin einer Schule für Sprachbehinderte unterrichtete, für die Konzertpianistin Ina Krieger, die mir beim Klavierunterricht eine Geläufigkeitsmethode beibrachte, welche ich auf die Zunge übertragen konnte, für den Oratoriensänger Helmut Laue, der meine Stimme für Gesang ausbildete, für meine Mutter Gretel Winter, die meine Fortbildung stets gefördert hat, und für meinen Sohn Lorenz, der für mich eine erste CD-Fassung meiner Zungenbrecher-Gedichte aufnahm. Frau Anke Bütow, Frau Dagmar Puchalla und meiner Frau Marion Lührs-Winter danke ich für manche kreative Anregung.

Zum Autor

Der in Hamburg geborene Jurist und Pionier der umweltbewussten Unternehmensführung Dr. Georg Winter (Deutscher Umweltpreis 1995, Change The World – Best Practice Award 2003) ist Initiator umweltorientierter Industrieverbände (Bundesdeutscher Arbeitskreis für umweltbewusstes Management, B.A.U.M. e.V., 1984, bzw. International Network for Environmental Management, INEM, 1991) und Autor des Standardwerkes „Das umweltbewusste Unternehmen" (1987, mehrere Auflagen, 12 Sprachen).

Bekannt wurde Winter auch als Lyrikautor und Sprechkünstler. Mit selbstgeschriebenen Zungenbrecher-Gedichten, die er in Höchstgeschwindigkeit rezitiert, wurde Winter 2006 Wettkönig der ZDF Show „Wetten, dass...?". Er gilt bis heute als schnellster deutscher Sprecher.

Eine Sammlung der Zungenbrecher-Gedichte von Winter erschien unter dem Titel „Zungenbrecher" 2006 als CD bei Random House und 2007 als Taschenbuch bei Goldmann. Nachdem CD und Buch vergriffen sind, ist jetzt im IFB Verlag Deutsche Sprache die vorliegende, stark erweiterte Neufassung des Buches unter dem Titel „Brich dir die Zunge und nicht das Herz!" erschienen.

Das Lehr- und Trainingsbuch zum Sprechsport

Georg Winter, Dagmar Puchalla
Sprechsport
Mit Aussprache-, Ausdauer- und Auftrittstraining
2. überarbeitete und erweiterte Auflage 2015, Beltz Verlag, Weinheim und Basel
ISBN 978-3-407-36574-3

Das Buch enthält zahlreiche Übungen und Materialien für Training und Unterricht.

Georg Winter, Pionier des Sprechsports gilt gegenwärtig als Deutschlands schnellster Sprecher. Durch die Veranstaltung von Sprechsport-Meisterschaften und seine Hörbuch-CD „Zungenbrecher" sowie durch zahlreiche Fernsehauftritte initiierte er die Sprechsport-Bewegung. Er gab den Anstoß zu diesem Buch und schrieb fast alle Zungenbrecher-Gedichte.

Dagmar Puchalla ist Theaterwissenschaftlerin, Schauspielerin, Sprecherin und Sprecherzieherin. An der Stage School of Music, Dance and Drama unterrichtete sie Schauspiel und Sprecherziehung. Seit 2005 ist sie wissenschaftliche Mitarbeiterin und Fachkoordinatorin für die Sprecherziehung an der Leuphana Universität in Lüneburg und Lehrbeauftragte an der Hochschule für Musik und Theater in Hamburg. Von 2009 bis 2012 führte sie in leitender Funktion ein Forschungsprojekt zur Lehrerstimme durch. Sie entwickelte Didaktik und Methodik zum Sprechsport und verfasste den didaktischen Text des Buches.

Wichtige Erkenntnisse für das Buch lieferte Eckart Meyners. Er war mehrere Jahrzehnte Dozent für Sportpädagogik an der Leuphana Universität Lüneburg und leitete viele Jahre das dortige Institut für Freizeitforschung, Spiel- und Bewegungserziehung (IFBS).

Dieses Buch ist auch als E-Book erhältlich.
ISBN 978-3-407-29415-9

Lyrikbände des Autors

Von Hamburgern und Humbugern –
Vom Tor zur Welt und den Toren der Welt
Zeichnungen von Bettina Bick
mit Hörbuch,
gelesen von Uwe Friedrichsen, Gitarre: Mirco Oldigs
2012, Wachholtz Verlag, Neumünster
ISBN 978-3-529-02373-6

Geschichten, Originale, Bekenntnisse und Begegnungen
lassen das mutterwitzige und schlitzohrige, das urgemüt-
liche und übermütige – kurz, das spannendste Hamburg
lebendig werden.

Auch das Hörbuch hat sich gewaschen – mit allen Was-
sern der Alster und der Elbe. Der berühmte Schauspieler
Uwe Friedrichsen liest unnachahmlich die Verse von
Georg Winter, dessen Lyrik auf der Speisekarte der „Dü-
belsbrücker Kajüt" ebenso zu Hause ist wie in der Frank-
furter Anthologie der FAZ.

Bettina Bick und Mirco Oldigs steuern zeichnerische
bzw. gitarristische Leckerbissen bei.

Die Friesische Teekanne
oder der Wettkampf der fünf Dichter
Zeichnungen von Bettina Bick
2012, Wachholtz Verlag, Neumünster.
ISBN 978-3-529-02369-8

Fünf Friesen entdecken im Watt eine alte friesische Teekanne. Wer das beste Teegedicht erfindet, soll sie haben. In einem Teehaus liefern sich drei Männer und zwei
Frauen – angefeuert von der Wirtin und verhöhnt von
ihrem Küchenjungen – einen Gedicht-Wettkampf von
hoher Spannung und Komik. In den Gedichten eines
jeden Teilnehmers der Teerunde spiegelt sich ein eigen-
ständiger Charakter und Erlebnishintergrund.

„Die Friesische Teekanne" wurde in der Hamburger
Kammeroper mit großem Erfolg uraufgeführt und über-
zeugt als Theaterstück und Gedichtsammlung gleicher-
maßen.

Der Trödelbarde
oder die Schau der seltsamen Dinge
Mit Hörbuch – gelesen von Uwe Friedrichsen
Holzschnitte von Walter vom Hove
2. Auflage 2013, Wachholz Verlag, Kiel/Hamburg.
ISBN 978-3-529-02378-1

Der Trödelbarde stellt auf dem Marktplatz seltsame Dinge aus seinem Bauchladen zur Schau. 30 Balladen, die er zu den Dingen erzählt, fügen sich zu einer spannenden Weltreise durch verschiedene Erdteile und Zeitalter.

Die deutsche Ballade ist zurück – mitten in einer Zeit der virtuellen Unverbindlichkeiten. Ein zukunftsweisender Anachronismus.

Stimmen zur Erstausgabe (1986)

Loki Schmidt: „...ich habe mit Staunen...in die Schubfächer des Trödelbarden gesehen und seinen wundersamen Geschichten gelauscht..."

Siegfried Lenz: „...mit Vergnügen darin gelesen...wünschen dem Buch die wohlverdiente Verbreitung..."

Heinz Rühmann: „...eine stille Stunde, die ich sehr genoss..."

Benno von Wiese (Anthologie der FAZ): „Das Vergnügen, das der aufgeschlossene Leser hier empfindet, ist zugleich das Vergnügen an der ironischen Vertauschung von Trödel und absolutem Wert".